国家电网
STATE GRID

国网山东省电力公司
STATE GRID SHANDONG ELECTRIC POWER COMPANY

U0655460

国网山东省电力公司

培训数字化建设典型案例

国网山东省电力公司　组编

中国电力出版社
CHINA ELECTRIC POWER PRESS

图书在版编目（CIP）数据

国网山东省电力公司培训数字化建设典型案例 / 国网山东省电力公司组编. — 北京：中国电力出版社，2023.11

ISBN 978-7-5198-8215-0

Ⅰ . ①国… Ⅱ . ①国… Ⅲ . ①数字技术—应用—电力工业—工业企业管理—职工培训—山东 Ⅳ . ① F426.61

中国国家版本馆 CIP 数据核字（2023）第 198475 号

出版发行：中国电力出版社

地　　址：北京市东城区北京站西街 19 号（邮政编码 100005）

网　　址：http://www.cepp.sgcc.com.cn

责任编辑：罗　艳（yan-luo@sgce.com.cn）

责任校对：黄　蓓　郝军燕

装帧设计：张俊霞

责任印制：石　雷

印　　刷：北京九天鸿程印刷有限责任公司

版　　次：2023 年 11 月第一版

印　　次：2023 年 11 月北京第一次印刷

开　　本：889 毫米 ×1194 毫米　16 开本

印　　张：4.5

字　　数：182 千字

定　　价：148.00 元

编　委　会

序

　　加快数字化转型，是现代企业在数字化时代生存发展的"必修课"，是实现"碳中和、碳达峰"目标的必然要求。国家电网公司主动适应时代发展要求和企业数字化转型发展规律，强调要释放数据"倍增效应"，推动全业务、全环节数字化转型。同时，根据国网山东省电力公司"旗帜领航再登高，创新驱动走在前"要求，对培训数字化转型提出具体要求。员工培训工作是赋能员工成长、赋智干部成才的主阵地，提升培训数字化水平是全面提高企业人才培养水平的重中之重。

　　培训数字化，是通过"云大物移智链"等新技术应用，深入挖掘数据资源价值，发挥数据要素的放大、叠加、倍增效应，沉淀数据资产，实现数据增值，建成完整统一、技术先进，覆盖培训管理、培训实施、数字校园、数据应用以及员工学习等功能一体的数字化培训生态。

　　本书旨在全面介绍培训数字化体系，通过阐述建设背景、工作定位、典型应用，引导读者了解数字化在培训管理、培训实施、知识运营和员工学习等方面的应用。通过培训数字化体系的建设，促使数字技术赋能培训体系，为国网山东省电力公司勇登高走在前提供坚强支撑。本书涉及数据时间范围无特殊说明的，均为 2022 年 1 月 1 日～2022 年 12 月 31 日。

编者

2023 年 7 月

目录

CONTENTS

总览篇

☆ 培训数字化建设背景

❶ 贯彻党中央人才工作要求的自觉行动

习近平总书记指出在百年奋斗历程中，我们党始终重视培养人才、团结人才、引领人才、成就人才，团结和支持各方面人才为党和人民事业建功立业。国网山东省电力公司把思想和行动统一到中央对人才工作的指示精神上，全面贯彻落实中央深化人才发展改革工作要求，深入研究和探索技能人才培养与发展的新模式，持续推动和完善技能人才培养工作的优秀经验做法，着力打造一支政治坚定、业务精湛、管理高效、创新进取的人才队伍。

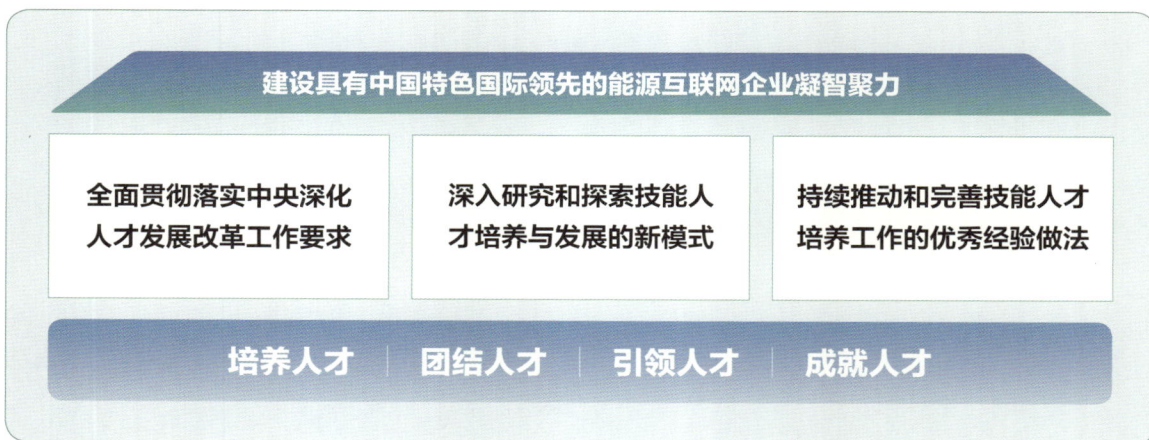

建设具有中国特色国际领先的能源互联网企业凝智聚力

全面贯彻落实中央深化人才发展改革工作要求	深入研究和探索技能人才培养与发展的新模式	持续推动和完善技能人才培养工作的优秀经验做法

培养人才 ｜ 团结人才 ｜ 引领人才 ｜ 成就人才

❷ 响应国家数字化经济发展的重要举措

国家"十四五"数字经济发展规划指出，要以数据为关键要素，加强数字基础设施建设，完善数字经济治理体系，培育新产业新业态新模式，为构建数字中国提供有力支撑。加快数字化转型，是现代企业在数字化时代生存发展的"必修课"，培训工作是员工成长、干部培养的"主阵地"，培训数字化可以快速提升组织数字化能力、有效储备数字化人才，是助推企业数字化转型的"利器"。

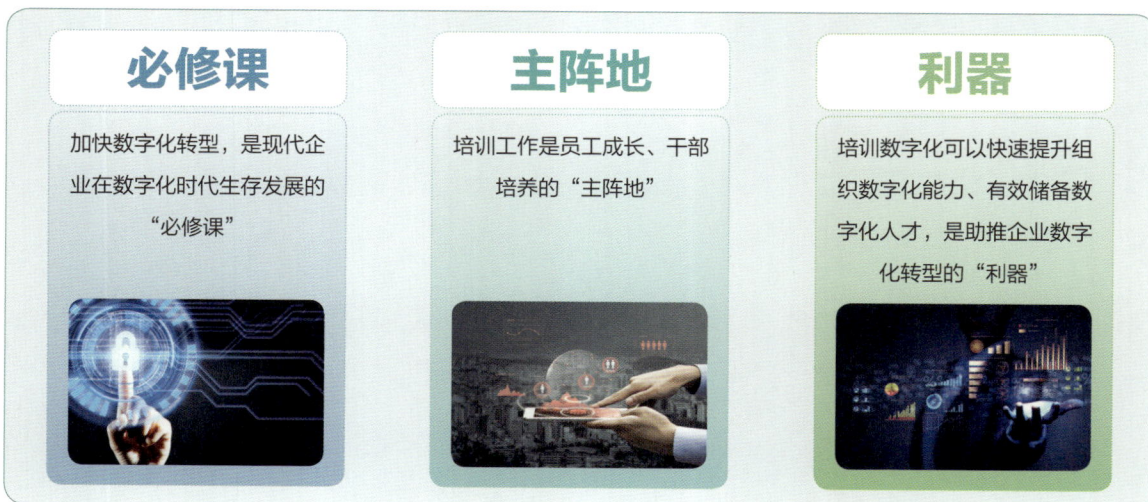

必修课
加快数字化转型，是现代企业在数字化时代生存发展的"必修课"

主阵地
培训工作是员工成长、干部培养的"主阵地"

利器
培训数字化可以快速提升组织数字化能力、有效储备数字化人才，是助推企业数字化转型的"利器"

❸ 实现国家电网公司战略落地的有力支撑

国家电网公司推进"一体四翼"发展布局、加快建设具有中国特色国际领先的能源互联网企业，国网山东省电力公司坚持以"求实、务实、扎实、真实"推动"一体四翼"高质量发展，对人才队伍建设提出了新的更高要求。培训数字化以数字化为驱动力，聚合海量知识资源，激发数据倍增效应，提升培训参与度和利用率，更快实现学员知识迭代和技能提升，为建设具有中国特色国际领先的能源互联网企业凝智聚力。

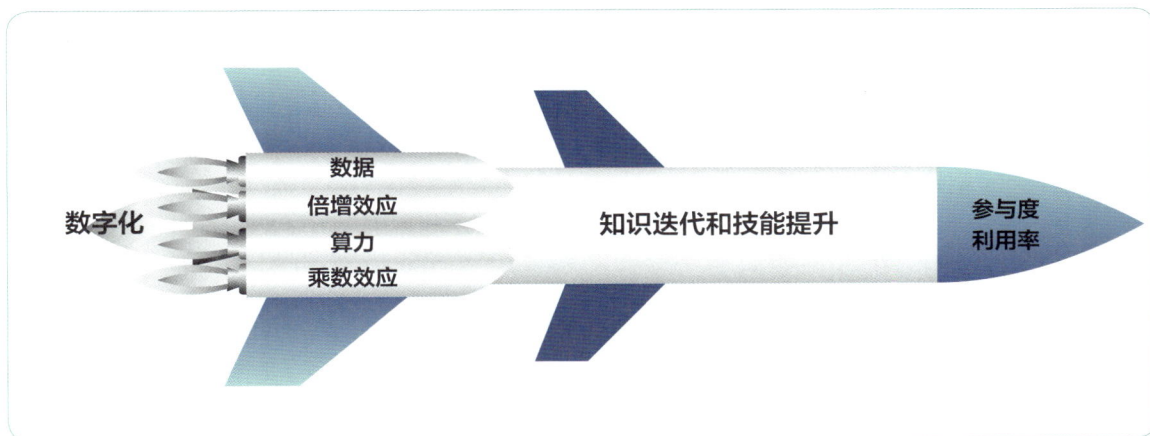

❹ 推动国网山东省公司培训高质量发展的现实需要

推动培训工作智慧转型是新时代培训发展的必然要求，是推动培训管理科学化和规范化的关键保障，也是支撑国网山东省电力公司人才发展的核心举措。依托云计算、AI 等新技术，建设覆盖培训全要素、全流程、全体系的数字化管理体系，全面实现培训模式升级、学习转型、体验优化和数据增值，让数字技术赋能培训体系，让培训体系助益企业业绩提升。

☆ 培训数字化框架图

围绕建设具有中国特色国际领…
立足教育培训数字化转型需要…

服务企业战略落地 **服务员工…**

加快培训数字转型 打造数智培训新高地

规划目标

实施架构

场景平台

技术支撑

大中台①

共享高频应用"点"

培训场景聚合"线"

人岗课智慧培训新生态 共建共创共享…

国网学堂 "国网学堂"应用场景 "一起培…

培训数字化资源平台 培训数…

RPA+AI
VR+AR+MR

学员画像 知识图谱

---

① "小前台 + 大中台"的运营模式，类似军事中"特种部队（小前台）+ 航母舰群（大中台）"的组织结构方式，以促进管理更加扁平化。

的能源互联网企业战略目标
适应人才高质量发展内在要求

智慧培训 服务培训管理智慧转型

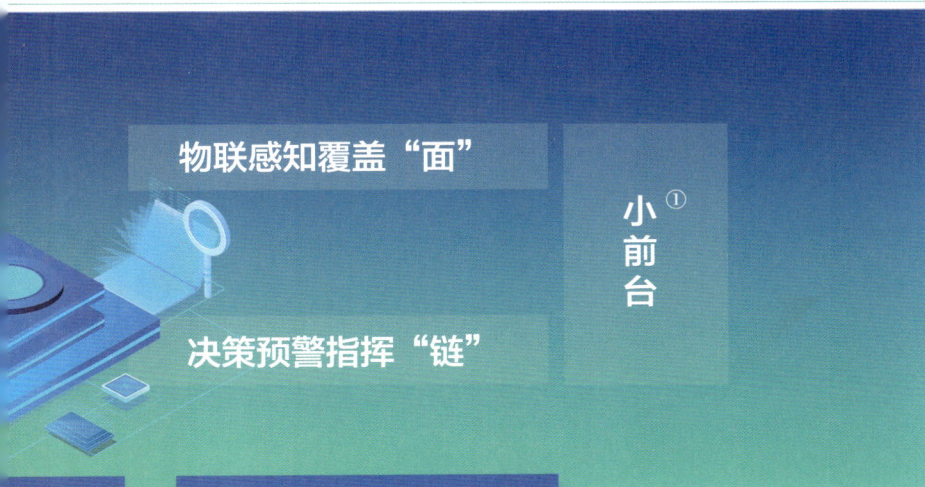

物联感知覆盖"面"

小前台[①]

决策预警指挥"链"

引擎 人才赋能发展新动能

"应用场景 "数字校园"应用场景

化学习平台 培训数字化管理平台

人才地图 云大物移智链

平台化

场景化

数智化

移动化

释放数据要素潜力 构建数智培训新模式

☆ 培训数字化数据树

学员中心

"国网学堂"累计人均积分 ·	**2313.39** 分
"国网学堂"累计人均学时 ·	**387.56** 小时
"国网学堂"全员参与率达 ·	**75.03%**
"国网学堂"学员培训档案累计 ·	**20** 万余条
"国网学堂"注册学员 ·	**13.45** 万人
"国网学堂"2022年活跃用户 ·	**6.5** 万人
"一起培训"App用户 ·	**12.2** 万人
"一起培训"App培训评估 ·	**16.9** 万人次

数字社区

国网学堂山东专区各项数据 **全国网领先**

"国网学堂"累计登录 ·	**1815.2** 万人次
"国网学堂"举办培训班 ·	**1214** 期
参加培训 ·	**4.9** 万人次
"国网学堂"组织考试 ·	**17452** 场
参加考试 ·	**143.5** 万人次
"国网学堂"推送课程 ·	**3683** 门
参加学习 ·	**203.6** 万人次
"国网学堂"直播课程 ·	**170** 门
参加学习 ·	**6.5** 万人次
"一起培训"App展播优秀课程 ·	**2577** 门

数字课程

"国网学堂"累计上传课程 ·	**5775** 门
2022年培训开发项目产出课程 ·	**1469** 门
"大讲堂"金牌课程 ·	**390** 门
"一起培训"App学习中心课程 ·	**368** 门
"四学四促"推送课程 ·	**358** 门

注：无特殊说明，本书涉及数据均截至2022年12月31日。

数字实训

5191 个	·	数字化工位
400 个	·	多媒体教室
193 个	·	实训室
72 个	·	网络教室
5 个	·	智慧大屏
120 个	·	电子白板
10 个	·	VR 设备
2 个	·	AR 设备

数字平台

师资库

3 人	·	国网首席专家
30 人	·	省公司高级专家
289 人	·	地市公司优秀专家
494 人	·	县公司专家
113 人	·	高级兼职培训师
1960 人	·	中级兼职培训师
2514 人	·	初级兼职培训师
390 人	·	大讲堂金牌讲师
3000 人	·	大讲堂优秀讲师

培训数字化体系蓝图

智慧园区

网络教室

VR实训室

生产辅助技

培训材料

培训教材资料

培训账

数字化供电所

"人—岗—课"匹配

培训策划及评估

培训开

培训资源开发

人才选拔与考核

智慧储备

能力等级评价

人才评

"四学四促"
E-learning

RPA+AI班主任

职工培

学员

MR实训

智慧管理

智慧

标准大中台建设

培训数字化体系蓝图

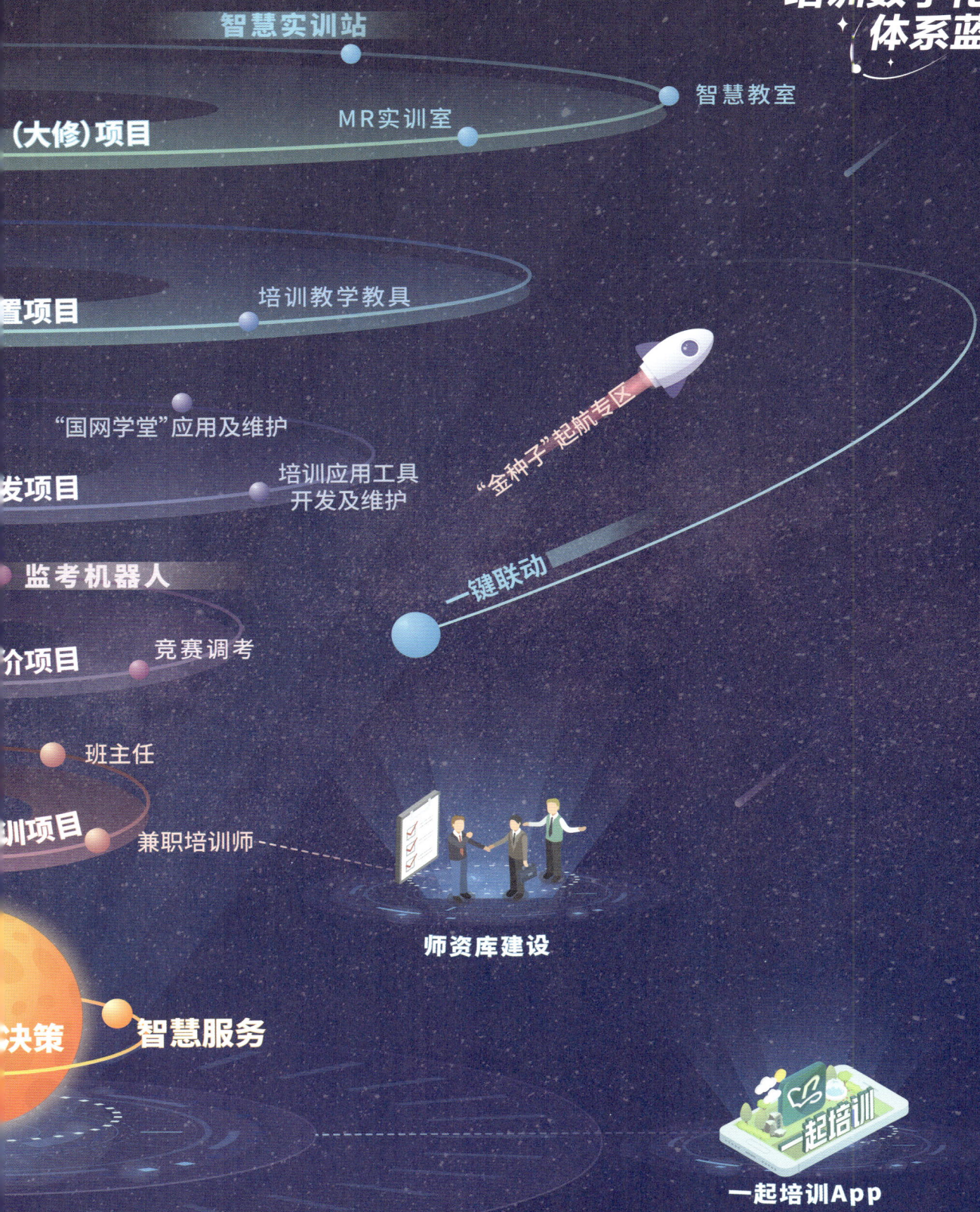

智慧实训站

智慧教室

（大修）项目

MR实训室

置项目

培训教学教具

"国网学堂"应用及维护

发项目

培训应用工具
开发及维护

"金种子"起航专区

监考机器人

一键联动

介项目

竞赛调考

班主任

训项目

兼职培训师

师资库建设

决策

智慧服务

一起培训

一起培训App

案 例 篇

标准中台建设：领航培训数字化转型

背景现状

培训数字化建设的核心是构建以**业务中台、数据中台、技术中台**为基本架构的"**大中台**"系统。

- **业务中台**。梳理培训业务流程和业务节点，划分成不同的模块单元，通过标准化建设，建成培训业务数据流，实现培训业务全链条拉通。
- **数据中台**。围绕培训管理指标系统，以培训运营底层数据为基础，结合数据算法技术，挖掘数据价值，为人才评价、资源配置、培训规划管理提供精准决策依据。
- **技术中台**。基于 i 国网，SG-UAP2.8 底层架构，结合"云大物移智链"等数字技术，从培训核心场景出发，在培训组织、培训实施、培训管理、培训评价等层面不断提升数据挖掘、服务体验、效率效益，实现培训业务的智慧化升级。

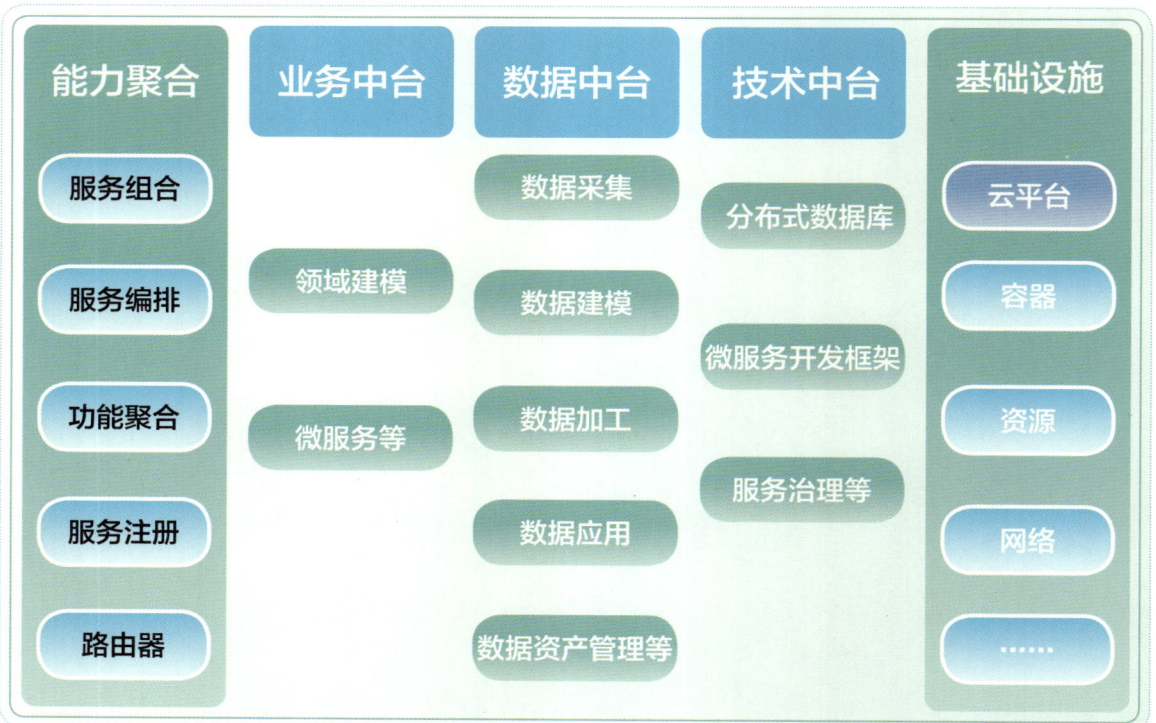

2 解决方案及成效

（1）打造标准化"中间件"，实现资源极度共享。

- **业务拆分**。细分培训管理、培训开发、培训购置、资源建设、人才评价五大项目板块，实现培训业务全覆盖。
- **能力封装**。按照计划、预算、实施、过程管控、验收、结算等维度解构出 23 个业务节点，将每个能力进行封装，形成一个统一的可供前台业务端方便使用的中间件。

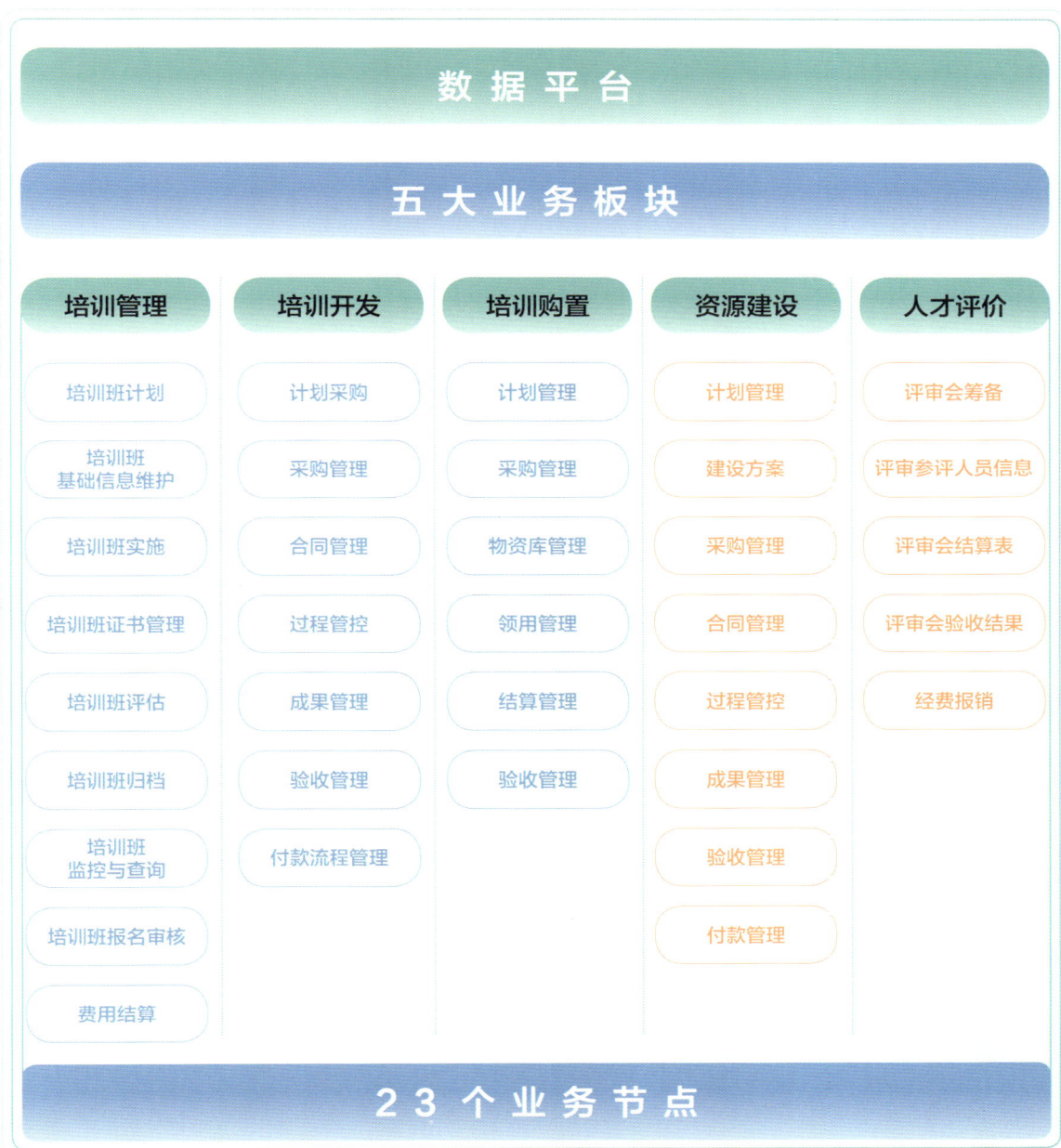

数 据 平 台

五 大 业 务 板 块

培训管理	培训开发	培训购置	资源建设	人才评价
培训班计划	计划采购	计划管理	计划管理	评审会筹备
培训班基础信息维护	采购管理	采购管理	建设方案	评审参评人员信息
培训班实施	合同管理	物资库管理	采购管理	评审会结算表
培训班证书管理	过程管控	领用管理	合同管理	评审会验收结果
培训班评估	成果管理	结算管理	过程管控	经费报销
培训班归档	验收管理	验收管理	成果管理	
培训班监控与查询	付款流程管理		验收管理	
培训班报名审核			付款管理	
费用结算				

2 3 个 业 务 节 点

（2）数据汇聚联通，打破数据孤岛。

- **数据汇聚**。将"国网学堂""一起培训""人资 2.0"各系统数据汇聚，方便各类元数据采集到数据中台进行存储。
- **数据开发**。围绕运营管理、培训计划、培训实施、资源管理、实训站管理、品牌建设、异常管理等 58 项关键指标，通过算法建模及数据 DIY 分析工具开发，挖掘数据价值，支撑培训业务。
- **数据资产**。通过智慧大屏及领导驾驶舱建设，直观展示各项指标实际执行和达成情况，为培训管理决策提供精确数据依据。

培训中心监控首页—电脑显示器端

各类二级菜单……

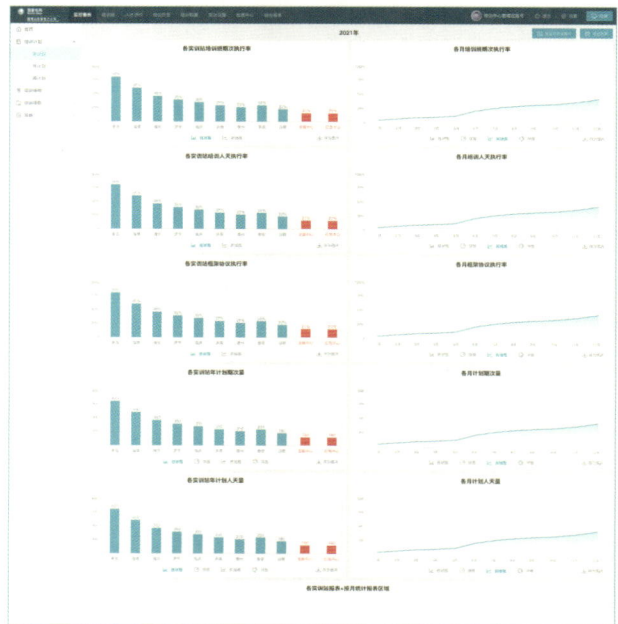

（3）打造可复用的技术组件，支撑业务服务。

- **能力提取。** 以 i 国网，SG-UAP2.8 底层技术架构为依托，将认证、日志、权限管理、配置管理、告警、消息处理、搜索、推荐、算法模型、语音识别、语言处理等能力提取出来，实现能力共享。

- **技术迭代。** 结合"云大物移智链"等数字技术，通过探索 RPA+AI 班主任、监考机器人等技术应用来解放班级、考试管理的简单反复性工作，简化服务流程，提升参培体验，改善运营效率；通过 AR、VR、MR 技术的应用来改变培训交互模式，实现沉浸式学习，提升培训效果；通过智慧教室建设，打破培训时空限制，满足基于不同场景和不同功能定位的多元化教学需求，形成培训新业态。

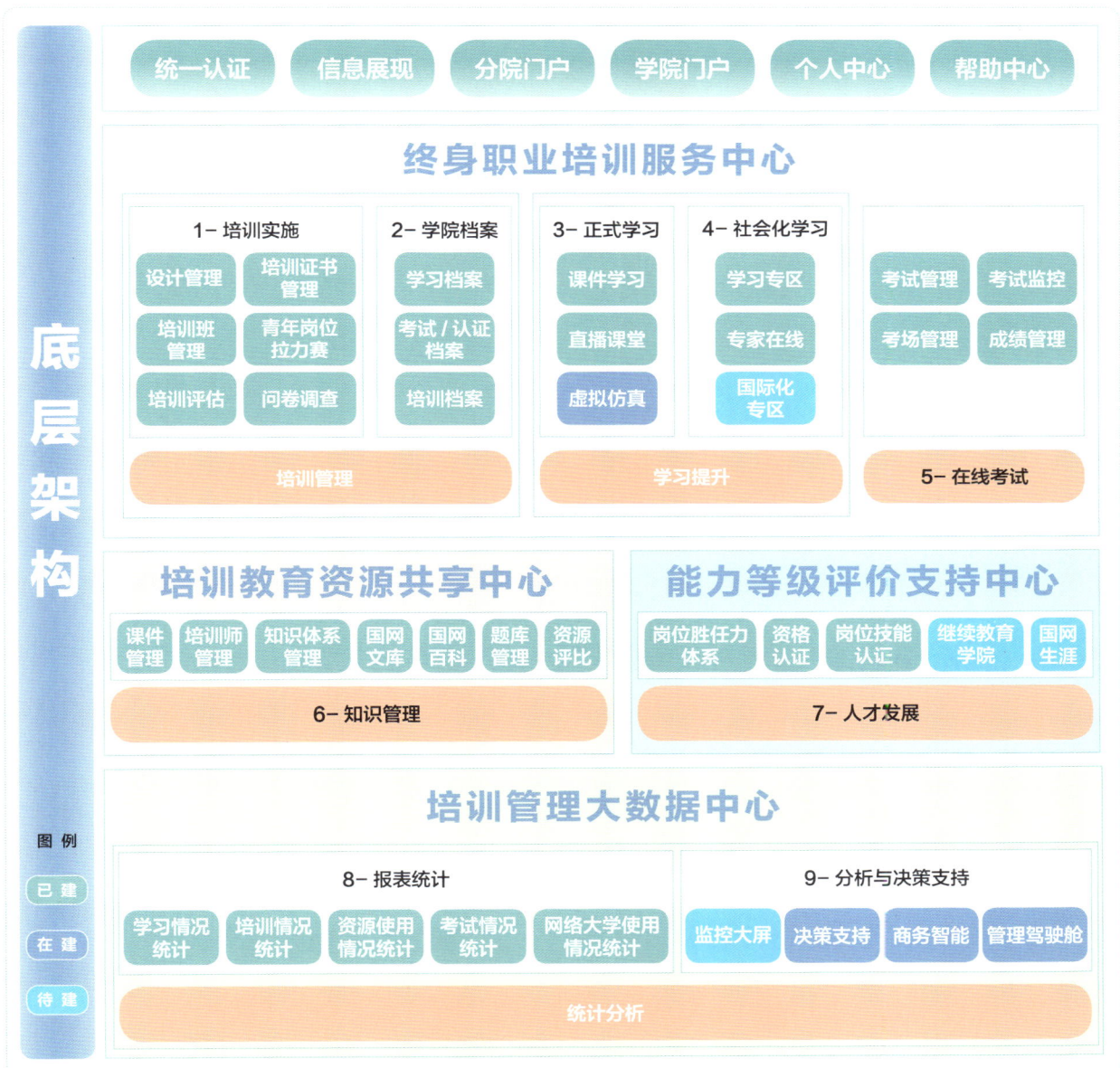

底层架构

| 统一认证 | 信息展现 | 分院门户 | 学院门户 | 个人中心 | 帮助中心 |

终身职业培训服务中心

1- 培训实施
设计管理	培训证书管理
培训班管理	青年岗位拉力赛
培训评估	问卷调查
培训管理

2- 学院档案
学习档案
考试/认证档案
培训档案

3- 正式学习
课件学习
直播课堂
虚拟仿真

4- 社会化学习
学习专区
专家在线
国际化专区

学习提升

考试管理 | 考试监控
考场管理 | 成绩管理
5- 在线考试

培训教育资源共享中心
课件管理 | 培训师管理 | 知识体系管理 | 国网文库 | 国网百科 | 题库管理 | 资源评比
6- 知识管理

能力等级评价支持中心
岗位胜任力体系 | 资格认证 | 岗位技能认证 | 继续教育学院 | 国网生涯
7- 人才发展

培训管理大数据中心
8- 报表统计
学习情况统计 | 培训情况统计 | 资源使用情况统计 | 考试情况统计 | 网络大学使用情况统计
9- 分析与决策支持
监控大屏 | 决策支持 | 商务智能 | 管理驾驶舱
统计分析

图例
已建
在建
待建

立足新需求、新业态、新要求,以底层平台架构统一升级至 SG-UAP3.0 开发平台,实现微服务、微应用架构的全面应用,持续开展培训管理流程解耦合工作,通过优化组合数据规则、数据算法,实现对系统功能需求的敏捷迭代开发,具体做好以下三方面工作。

- **技术中台方面**。加快基于 SG-UAP2.8 的教培大数据管控平台开发工作,全面实现技术平台标准化建设工作。与现有教培大数据平台配合,保障培训数字化平台覆盖公司全部用工。按计划推进培训数字化技术开发工作,根据开发进度完成接口开发,接入数据。

- **数据中台方面**。持续加强现有数据结构化、参数化过程,优化提升数据更新、复用工作效率;基于新需求、新技术的应用,持续开展数据分析、辅助决策等功能需求对数据、参数的要求,持续优化数据解析、复用工作,扩展数据价值。

- **业务中台方面**。依据数字新技术应用推广情况,不断优化补充业务流程细节,通过不断解析、耦合,实现对新业务需求的有效支撑。

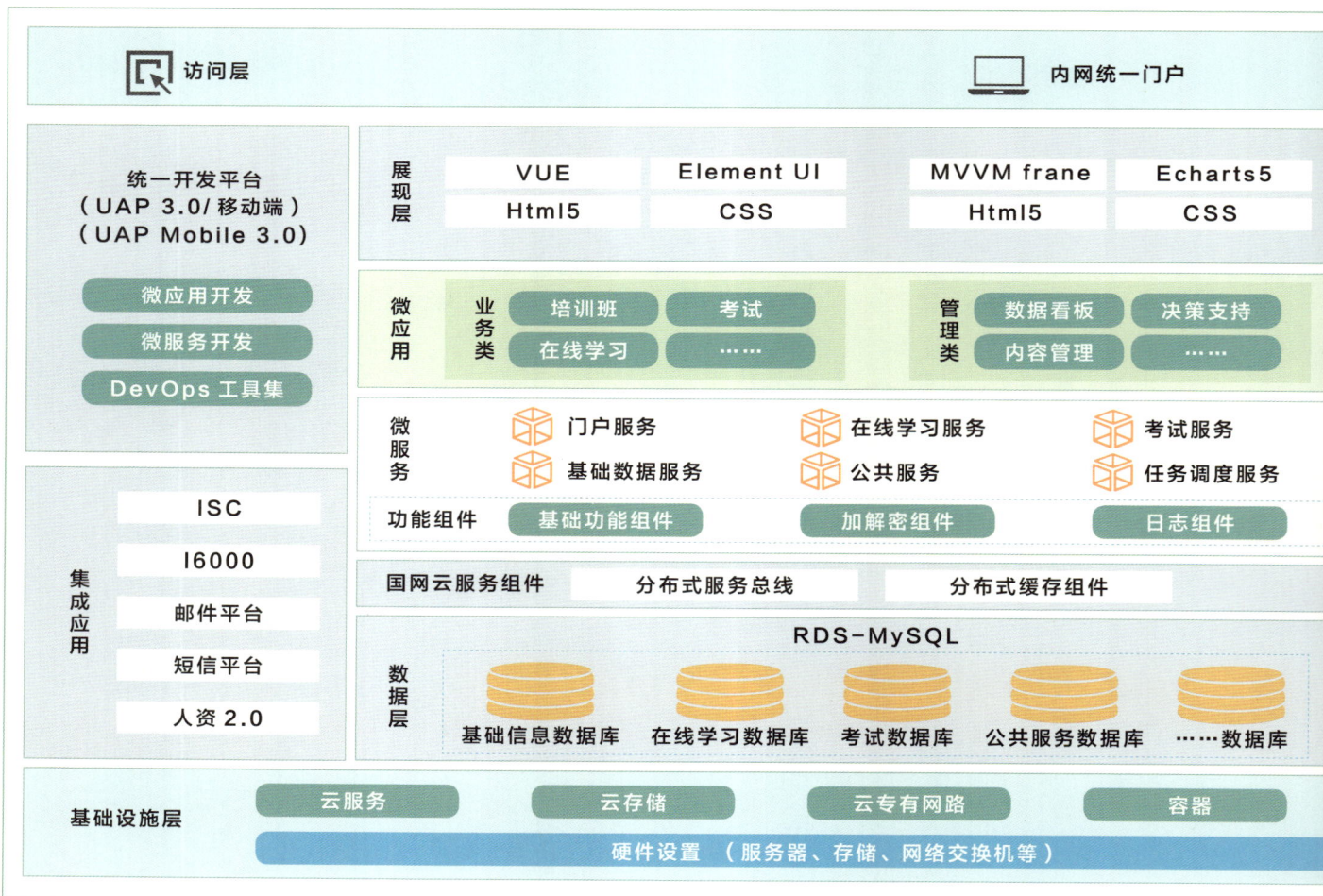

访问层				内网统一门户	
统一开发平台（UAP 3.0/ 移动端）（UAP Mobile 3.0）	**展现层**	VUE	Element UI	MVVM frane	Echarts5
		Html5	CSS	Html5	CSS

统一开发平台
（UAP 3.0/ 移动端）
（UAP Mobile 3.0）
- 微应用开发
- 微服务开发
- DevOps 工具集

展现层
| VUE | Element UI | MVVM frane | Echarts5 |
| Html5 | CSS | Html5 | CSS |

微应用
业务类:培训班 / 考试 / 在线学习 / ……
管理类:数据看板 / 决策支持 / 内容管理 / ……

微服务
门户服务 / 在线学习服务 / 考试服务 / 基础数据服务 / 公共服务 / 任务调度服务

功能组件:基础功能组件 / 加解密组件 / 日志组件

国网云服务组件:分布式服务总线 / 分布式缓存组件

集成应用
- ISC
- I6000
- 邮件平台
- 短信平台
- 人资 2.0

数据层
RDS-MySQL
基础信息数据库 / 在线学习数据库 / 考试数据库 / 公共服务数据库 / ……数据库

基础设施层
云服务 / 云存储 / 云专有网路 / 容器
硬件设置（服务器、存储、网络交换机等）

移动设备

| JS SDK | Html5 | Echarts5 | Html5 |
| JavaScript | CSS | JavaScript | CSS |

检索类: 资源搜索　语音搜索　智能检索　……

分析类: 多维分析　知识挖掘　能力匹配　……

运维保障
- CI/CD
- 灰度发布
- 服务监控
- 弹性伸缩

智慧校园服务　……微服务　个性化微服务

文件处理组件　代码生成组件　……组件

安全保障
- 身份认证
- 安全接入与交互
- 安全审计
- 安全运营

分布式消息组件　分布式搜索引擎　对象存储组件

同步工具　多维综合数据库

数据平台
DataWorks　DataHub
MaxCompute
数据存储

资源编排　资源调度　云操作系统　文件系统　虚拟网络

硬件设置 （服务器、存储、网络交换机等）

"一起培训"App：打造智慧培训旗舰品牌

2. 培训班 Training Cou

培训签
培训评估
培训指南

6. 金种子 Golden Seed

"金种子成长"公众号推文
"金种子"青年人才培养六大工程
"金种子"新员工起航训练营

创新工作室
技能大师工作室
专家人才工作室

导师带徒、岗位练兵

新技术、新业务、新应用

绝技绝活、传承传播、成长成才

知识比赛
技术比武、技能比拼

班组大讲堂

课程中

数字化供电所学习专题

4. 现场培训 On Site Training

劳模工匠讲一课

历年"大讲堂"金牌课程

人才培训制度

1. 首页 Home Page

培训报到

9545↑

精彩培训班

精彩资讯(培训动态)

政策解读
职称申报、技能等级、专家人才

起培训

3. 学习中心 Learning Center

营销 运检 安全 规划 办公 法律

"8+N"大讲堂优秀课程展播体系

科技 建设 信息 物资 审计 后勤 党建 调控 工会 宣专 产业 人资

短视频 超4800条 超370万

调查问卷

考试中心

5. 大讲堂
Dynamic Job Training

题库 考试

"一起培训" App 是国网系统内首款独立运营的移动学习平台，致力于打造一流的**社区学习中心、品牌体验中心和班组培训中心**。平台下设**首页、培训班、学习中心、现场培训、大讲堂、金种子**六大模块。2018 年 1 月上线以来，注册用户达到 12.2 万，经过 5 年迭代升级，打造出领先的培训班全流程管理、"大讲堂"短视频展播、起航训练营通关培训等特色品牌

社区学习中心 ＋ 品牌体验中心 ＋ 班组培训中心

首页 ▶ 培训班 ▶ 学习中心 ▶ 现场培训 ▶ 大讲堂 ▶ 金种子

2020 年

国家电网公司系统内率先上线短视频展播模块、直播培训模块，展播课程 650 门，浏览量达到 110 万。

2021 年

全力提升用户体验，迭代 194 个 UI 界面，上线指纹登录、短视频推动、新闻资讯投稿等功能。

2022 年

全面加强品牌建设，上线现场培训模块，覆盖现场培训六大场景，初步建成移动学习生态系统。

2 工作成效

（1）共建共享培训品牌化建设。

打造出覆盖全场景、全链路的现场培训模块，上线一个月上传视频超 800 项；持续优化大讲堂模块，大讲堂展播品牌效应更加凸显，展播课程 2577 门、浏览量超过 313 万。

现场培训视频超 800 项　　展播课程 2577 门　　展播浏览量超过 313 万

（2）先行先试全域数字化转型。

截至 2022 年年底，"一起培训"App 用户达到 12.2 万，覆盖主业、供服员工，课程中心建设 15 个模块、368 门课程，累积部署培训班 7878 项、评估 16.9 万人次，赋能支撑金种子、大讲堂、竞赛调考品牌建设。

12.2 万用户　　课程中心 368 门课程　　培训班 7878 项　　评估 16.9 万人次

3 升级计划

升级"我的一起培训"模块		升级"大讲堂展播"模块		升级"金种子成长"模块	
建设"自我学习驾驶舱"	汇聚积分、路径、提醒、社群等功能	升级后台数据库容量	强化"人—岗—课"匹配链	升级起航训练营模块	贯通"金种子成长"公众号推文资讯
集成签到、学习动态、互动等功能	打造一同学习朋友圈	提升"一键三连"体验感	优化点赞、评论、转发模式	贯通"金种子"青年人才跟踪培养	建设"金钟子"人才库

打造大讲堂展播 主窗口

展播覆盖全部"8+*N*"专业，设置专业和单位展播榜单，动态更新展播排行，根据专业标签个性化推送展播课程，首创大讲堂展播指数，综合评估"评分、浏览、点赞、收藏"情况。

打造移动学习 主阵地

推行掌上学习、个性学习、精准学习，首页动态更新培训班新闻资讯，课程中心上传金牌课程、数字化供电所等精品课程，考试中心可开展定制化考试，问卷中心支持各类调研问卷。

打通培训管理 主动脉

完善培训班管理流程，打通"线上－线下"切换梗阻，实现参培学员"报名－报到－培训－评估"线上一键办理。

打造现场培训 *新引擎*

现场培训模块覆盖导师带徒、班组大讲堂、创新工作室、新技术、绝技绝活、比赛比拼等六大场景，打造现场培训全景展示窗口、社交平台。

打造培训数据 *新蓝海*

现场培训和大讲堂模块中的短视频均可生成唯一二维码，同步生成专属定制海报，打通和社交平台间的共享、转接壁垒，可实现跨平台引流分享。

打赢私域引流 *主动仗*

建立"一起培训"积分体系，首创"一键三连式"积分消费机制，优化"五星打分、积分点赞、个人收藏、一键海报"四大应用，打造用户、话题、流量"三位一体"的集聚地。

☆ "人—岗—课" 匹配：构建智慧学习生态链

1️⃣ 背景现状

❶ 培训开发与岗位培养不够匹配： 近年来，培训开发项目投入较多，但部分项目与员工学习需求、岗位进阶培养的匹配不够精准，成果应用不够理想。

❷ 员工缺乏自主高效的学习渠道： 面对各类系统平台、海量学习资源，员工无法快捷、精准的获取自身所需的课程内容、知识要点。

2️⃣ 工作计划

梳理功能需求、推进开发建设：

细化梳理"人—岗—课"功能需求，推进"一起培训"App、国网学堂功能建设。

总结试点经验，全省推广应用：

总结试点单位经验，制订推广指引手册。

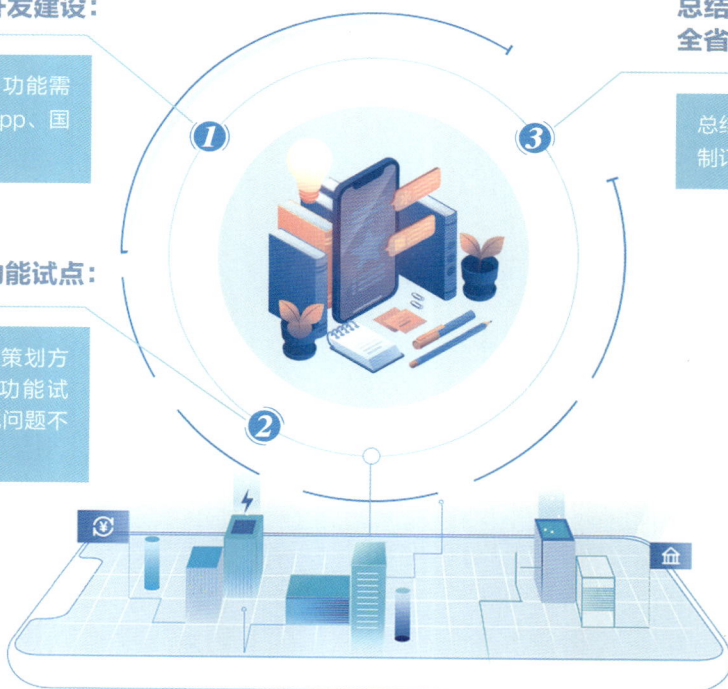

精心策划运行、开展功能试点：

编制"人—岗—课"运行策划方案，选取相关单位开展功能试点，试点过程中结合发现问题不断优化完善。

① ② ③

（1） 初步成效：依托国网学堂山东专区，国网山东省电力公司探索建立数字化课程库，目前已初步建成 5 大培训模块，涵盖 40 个培训子类别，共 1469 门课程，累计 598.5 学时。

技术管理		生产技能		专业管理	
电网调控运行技术	9门	变电运检	62门	安全监察质量管理	80门
电网运维检修技术	50门	城区配电	144门	财务资产管理	30门
技术类通用	69门	电力营销	9门	党群管理	30门
技术支持与科学研究	7门	电网调控运行	3门	电力营销管理	39门
教育培训技术	5门	技能类通用	53门	电网运行管理	62门
金融运营技术	2门	输电运检	195门	电网运维检修管理	24门
其他技术	12门	水力发电	1门	工程建设管理	31门
系统集成技术	6门	送变电施工	43门	管理类通用	85门
信息通信技术	9门	乡镇与农村配电营业	7门	规划计划管理	9门
咨询顾问	1门	信息通信运维	15门	国际业务管理	2门
装备制造技术	1门			行政事务管理	23门
经营管理				教育管理	68门
电网发展	1门			科信环保管理	13门
通用服务				其他管理	2门
通用服务	20门			企业基础管理	12门
				人力资源管理	102门
				审计管理	16门
				物资（招投标）管理	17门

（2） 预期成效："人一岗一课"智慧贯通后，预计每年新上传约 2000 门精品课程，培养约 1000 名兼职培训师，逐步实现专业岗位全覆盖，完全满足员工学习多样化、个性化、碎片化需求。

全网公开，资源共享，赋能无边界

打破网省界限、专业壁垒，全部课程全网公开，员工可登录国网学堂或"i 国网"进行自主学习。

专家引领，专业主导，学用两相宜

聚焦广大职工学习需求，充分挖掘专家人才、兼职培训师、"金种子"班组长等群体的经验优势，开发贴合专业岗位实际的精品课程，持续完善学习资源。

个性定制，精准推送，学习新生态

萃取员工岗位、学习行为等数据，精准绘制个人培训档案图谱，建立员工全职业生涯课程智慧推送机制，形成集需求挖掘、资源开发、课程推送于一体的智慧学习生态，全方位提升学习体验和培训效果。

畅通"人—课"链条，萃取优质学习资源

萃 专家深度开发
打造精品课程

评 榜单智能筛选
聚焦开发重点

知识产权激励

精准传递

传 引入积分机制
激发全员热情

需求挖掘

人

"人—岗
构建智慧

自主
学习

智 学习行为智能分析
培训班管理一键贯通

贯通"人—岗—课"链条，

课

打通"课—岗"链条，建设数字化课程库

资源
共享

专业全面

内容丰富

国网学堂
State Grid E-learning

"一课"匹配
学习生态链

质量过硬

优化课程标签
丰富标签类型
支持开源共建

实现精准匹配
引入智能分析算法

完善岗位标签
细化能力选项
绘制个人画像

精准
赋能

准

新

精准定制个性化培训资源
满足转岗、进阶学习需求

聚焦战略要求
持续更新迭代

岗

带来全新学习体验

☆ 监考机器人：数字化考官更懂考验

1 背景现状

集中出题、分散实施的线上考试模式成为考核评价工作的新常态，但相应的管理问题也随之而来。

考场环境复杂

网络考场相对于传统考场而言更具复杂性，电脑屏幕、机位隔断在阻断考生视线的同时，也影响着监考人员的视线；相对于平铺的书面试卷，竖立的电脑屏幕更容易被窥视。

监考手段传统

网络考场监考目前还使用传统人工监考、视频巡考的手段，两种方法都需要消耗大量人力，在网络考场复杂的环境下，人力监考已力不从心。

利益关系矛盾

交叉监考这种监考方式已不再适用。在考生和监考人员都是同一单位的情况下，监考人员往往因与考生有共同的利益，而对作弊行为视而不见，甚至协同作弊。

2 解决方案

建设有智能《电力安全工作规程》（简称《安规》）考试系统，考生可预约时间在独立的考试舱中进行《安规》考试，考试仓设置有全景监控和防作弊监控，对考试全过程进行视频、音频分析监测，智能记录作弊行为。

国网学堂

接口模块

监考机器人

考试准备	考试入场	考试过程	考试监督
考试任务			视音监控
考生管理	身份认证	考试登录	行为分析（防作弊）
考场管理	大屏显示	考试	
排位管理			证据留存

系统管理 权限设置 考试参数设置 数据统计

监考机器人能实现考试前期组织、座次安排、身份认证、远程监考以及防止作弊、全程录像、作弊证据留存等功能。同时，监考方式可以在系统中灵活配置，以满足不同方式的考试需要。

人脸识别　身份全程验证

监考机器人通过人脸识别算法对比员工本人现场影像与身份证、ERP 系统员工照片，可实现考生入场、座次安排、考试全程的身份验证，确保本人入场、本人登录账号、本人离开自动锁定等功能。

行为分析　考场智能监控

监考机器人内建作弊行为数据库，通过行为识别算法和语音识别算法，对频繁斜视、小声交谈、小抄作弊等行为进行实时分析监控；通过人脸识别算法对替考行为进行识别锁定；以人工智能代替人力监考，实现考试全过程智能化。

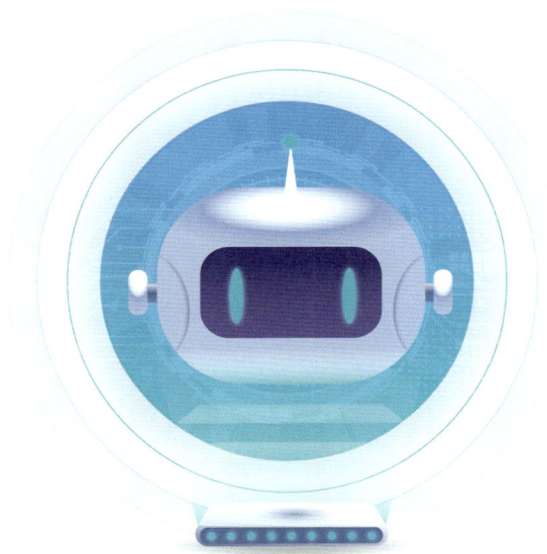

证据留存　信息安全存档

监考机器人将自动记录缺考人员、考生作弊情况、考生离场情况等信息，关键事件保存前后 10 秒关键视频，重点考试全过程留存视频资料。监考信息利用区块链技术存储，既方便本地监考人员确认，又可实现信息集中管理，预防管理作弊。

3 实践成效

缓解监考压力

监考机器人的应用将减轻考试监考用人压力，用少量人员即可实现大规模考试监考，同时监考机器人替代人工也将有效克服人为干预监考问题。

有效防止作弊

监考机器人存在本身即可预防作弊行为，降低作弊事件发生率，通过全过程智能监控，可以有效端正考试风气，让作弊行为无所遁形。

多维创新应用

监考机器人在服务线上考试工作的同时，还可以在线上培训方面进一步创新应用，通过人脸识别算法，可以对线上培训的学员考勤、替培等情况进行统计监控，有效减轻班主任管理压力。

☆ RPA+AI：重构培训班管理新业态

1 背景现状

随着培训数字化、"智慧校园"的加速转型。传统培训管控模式已不再适应现代化培训需求。教育培训日常管理工作中大量基于规则、重复且耗时的工作任务亟待解决，而培训管理系统存在大量的"后台录入"任务，仍然需要人工进行繁琐的操作。

2 工作成效

实现动态负载平衡，系统判断任务自动化。RPA+AI 使"智能班主任"变得更"聪明"，更多业务流程实现自动化，有效减少重复繁琐操作，节约时间，实现精准策划、精准管理、精准评价、精准决策，显著提高计划执行率和内部工作效率，为培训工作提供更多附加值，释放更多的人力资源并完成其他关键任务。

系统判断任务自动化

业务流程自动化

释放资源

3 升级计划

（1）结合智慧共享管理平台、智慧实训站、智慧园区建设，完成"云大物移智链"设备接入，全面打造 RPA+AI 智能班级应用场景。

（2）重塑基于 RPA+AI 培训管控流程，形成典型建设方案、运营方案。

（3）技术迭代实现 RPA+AI 从辅助性向自主性升级，全面提升工作效率效益。

解决方案

　　科学利用数字劳动力，自动处理繁复耗时工作流程。分别分析梳理 RPA（操作）、AI（大脑）的关系和能力，在教育培训中应用场景，打造全场景适配、便捷易用，以代替人工进行机械性、重复性系统操作，提供业务场景的辅助决策。

RPA 应用场景挖掘

（1）通过自动化，检查培训计划的执行情况，实时管控，自动列出每月培训计划和未执行计划名单，提醒班主任按时实施或调整，以避免手动长时间处理。

（2）自动排班／时间表更新／场地预订／智慧策划。帮助班主任自动通知培训班开班时间及课程的相关信息，发送更新，以节省时间。

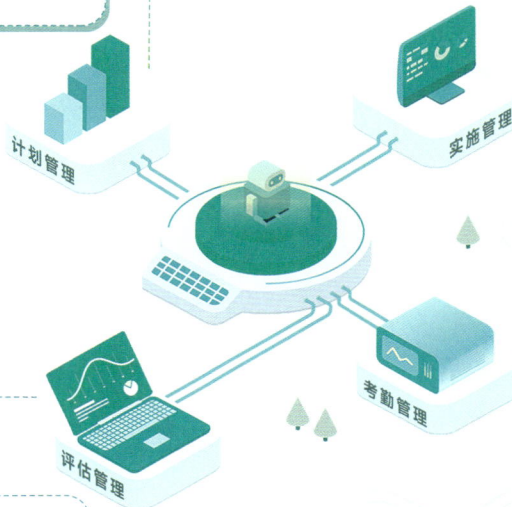

计划管理

实施管理

RPA+AI

评估管理

考勤管理

（3）RPA 自动管理签到、出勤，向班主任和学员推送自动通知和提醒。出勤跟踪，AI 班主任完成数据分析处理以及完整的报告功能。

（4）在评估和评分各种问题时实现真正的自动化。学员端发送问卷及评估提醒，班主任实现培训班学员整体培训效果分析。

AI 应用场景挖掘

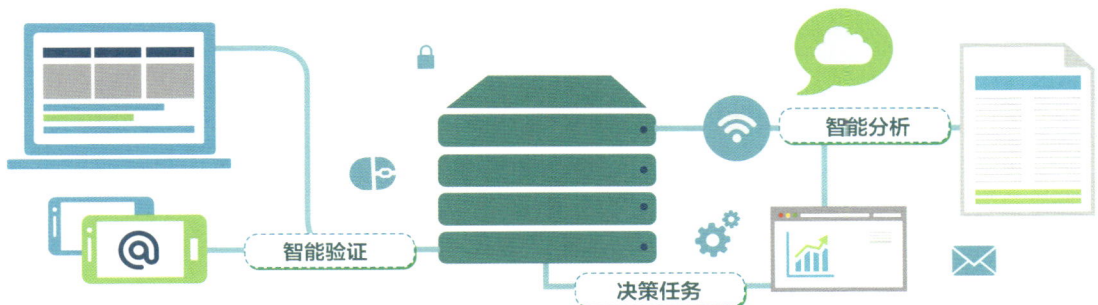

智能分析

智能验证

决策任务

　　完成身份信息的智能验证、文本字符识别的智能分析、客户服务场景的辅助决策和自动推荐等复杂的决策任务。

智慧实训站、智慧园区：让智慧的培训无处不在

背景现状

　　国网山东省电力公司培训中心已建设部署了各种业务信息系统，比如国网学堂、教培大数据管控平台、一起培训App、酒店管理系统、视频监控等一批数字化系统。这些业务系统的建设基本满足本业务需求，但是由于前期缺乏对培训中心业务系统的顶层规划和整体设计，总体来说有以下问题：

① 缺乏园区统一规划，信息标准不统一

② 存在"业务孤岛"和"功能冗余"

③ 园区和教学硬件设备比较老旧，需要基于最新数字技术更新智能设备

④ 无法进行深度数据挖掘，不便给决策提供数据支撑

工作成效

　　智慧共享管理平台可以支撑省培管理人员、培训老师、培训学员、一线员工各角色人员的使用，远期注册用户数预估10万，并发用户数2000人，活跃用户数500人，提高学员服务效率55%，可以集成现有或者将来需要建设的各个应用系统，建成"智慧、互联、先进"的智慧共享管理平台，对各业务部门综合报表的数据汇总分析，从平均时间5天提高到0.5天。

支撑
省培管理人员、
培训老师、
培训学员、
一线员工、
各角色人员的使用

远期注册用户数预估10万，并发用户数2000人，活跃用户数500人，提高学员服务效率55%

智慧共享管理平台

对各业务部门综合报表的数据汇总分析从平均时间5天提高到0.5天

集成现有和将来需要建设的各个应用系统

升级计划

　　拓展分析决策、风险预警、资源调配、流程管控等应用场景，打造更为智慧、更为便捷的管理服务应用；对培训中心教学设施、弱电设备等进行升级改造，建设试点智慧教室；通过对各子系统资源的整合、优化、分析并对校园组织和业务流程进行再造，推进校园制度创新、管理创新和服务创新，实现培训管理的信息化、决策的科学化、管理的规范化。

解决方案

智慧共享管理平台以大数据、云计算等技术为依托，以培训中心业务为主线，以优质培训资源共建、共享和应用、资源整合为中心，解决培训园区的全向交互、培训环境的全面感知、培训管理的高效协同和培训服务的个性便捷为目标，推动园区的科技创新、管理创新、服务创新。

建立信息共享、系统互联互通的数据中心。接入国网学堂、酒店系统、主数据和硬件设备数据，建立统一的主数据管理模式，实现数据资源共享，逐步定义一套智慧园区软硬件系统集成的信息标准规范。

帮助管理人员实时掌握园区的运营状态。能够全景实时展示园区的培训、会议的组织情况，对学员就餐、住宿、学习情况进行展示分析，对园区各项教室、会议室等资源占用情况、园区人员车辆情况等信息进行综合展示，通过数据分析提高教学、管理效率。

"一个中心"

学员画像

全景展示

一脸通系统

学员服务App

学员、教职工、授课教师可在培训中心内通过识别人脸，实现扫脸通行、刷脸考勤、扫脸用餐、扫脸入住。并可对各场景进行数据记录，记录的数据可用于自动生成报表，也可设置数据预警，如未请假离开培训中心、培训期间晚归等。

基于数据中心建立学员画像，从学员的基本信息、培训记录、综合评价等多维度展示学员画像，全面掌握学员共性、个性信息，通过标签、分组方式主动了解学员服务需求。

打造具有培训中心特色的学员服务 App。满足培训、会议全过程的服务需求，包含个人信息、培训班信息、开票预约、车位预约、洗衣预约、泳池预约等服务。

背景现状

缺乏有效规划，重复建设：各系统独立建网、布线复杂、投资庞大，繁重的设计施工、验收及维护管理工作。

信息孤岛现象严重：智能化各系统协议不兼容，无法互通。

学员及教师智能化感知度低：传统实训站智能化都是基于实训站管理部门设置，学员和老师智能化感知度低。

缺乏统一的管理平台：缺少统一的平台化管理，各个功能模块无法进行大规模统一联动，造成大量的资源浪费。

2 解决方案

1 以综合监控中心为主，实现安全智能化管理

将园区所有前端高清监控视频通过 IP 网络进行联网，实现无盲区覆盖，统一接入视频存储系统；在园区各出入口设立门禁系统、园区出入口设立车牌识别系统、人员通道闸管理系统、访客登记系统实现对进出园区的车辆、人员等分权、分级、分时段控制管理，并通过中心平台进行统一管理和应急指挥调度，将各个子系统通过各种联动及其他相关联系，整合成一个有机的、功能强大的统一综合管理监控中心，进行实时监控、大屏显示、云端存储（集中存储、本地存储）、可视调度、云计算等智能化应用管理。

2 以综合平台为载体，实现园区可视化高效管理

综合平台将园区安防弱电系统中的各个子系统模块化整合融合，统一云端化管理，包括安全防范子系统、园区广播子系统、信息发布子系统、多媒体教室子系统、会议多功能厅子系统、园区云桌面子系统等进行综合接入并且融合各个子系统数据，实现园区大平台化管理，真正将报警视频联动、可视化数据管理、人员可视化、物联可视化等多种视频智能联动应用进行融合，提高园区培训管理工作效率。

3 以视频为媒介，实现培训安全可视化管理

通过视频监控系统与培训业务系统进行融合处理，包括培训设备管理系统、人员物资管理系统等，利用视频图像技术使各个园区培训业务的数据视频可视化，实现培训、消防、安防等系统数据的大屏视频可视化管理。

3 工作成效

1 已构建多场景智能化培训支撑平台，包括基于 5G 技术的 WiFi6 园区高速无线网络覆盖，基于人脸识别技术的园区出入口管理，采用大数据 BI 分析、AI 技术的智慧大屏，AI 酒店前台，智慧化教室等，以人为本，贯穿学员整个学习周期。

2 以提升学员培训体验为驱动，统一数据标准和逻辑语言拉通各种业务系统能力的共享沉淀，将所有的园区垂直子系统集成在一个运营管理平台上，打通对象、资源、流程孤岛。

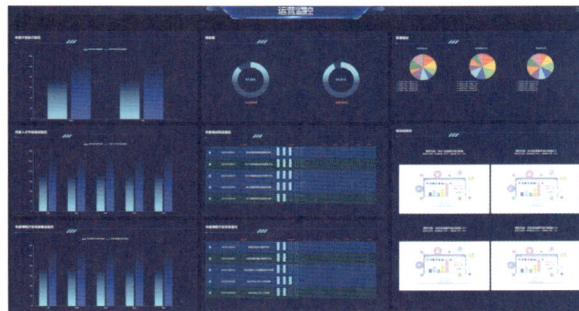

4 升级计划

建立大数据分析系统，对教学效果进行深度分析，让培训师在智慧教学环境下，利用先进的信息化技术和丰富的教学资源开展教学活动，对教学成效查缺补漏，培养创新人才。

开发智慧学习软件，借助 PAD 移动终端在智慧环境中开展完全以学生为中心的学习活动，帮助参培学员利用碎片化时间进行随时随地的学习、交流和分享，参与课堂学习的前中后三个阶段，转变传统学习方式。

智慧教学 1 **2 智慧学习**

智慧评价 3 **4 智慧管理**

构建数字化教育教学环境下的数字孪生评价平台，通过智慧校园整合平台的数据汇聚与分析，实现学员综合素质的智慧评价，进行多维度的学业分析，以清晰、直观的图表形式显示统计结果，以便及时补足短板。

完善基于物联网的智能化校园环境、智慧教室、园区广播系统、信息发布系统、园区云桌面、PAD 移动终端、校园一卡通智能感知系统、校园智能监控系统等硬件环境，融合建成基于云计算、虚拟化等新技术支撑的"智慧校园"综合管理系统平台，实现园区无纸化管理。

MR实训：开辟技能培训"元宇宙"

1 背景现状

国网山东省电力公司多年来一直致力于虚拟培训技术的研发与应用，从最初的电力调度、变电运维仿真软件培训，到目前的输电运检、变电检修、带电作业、10kV电缆运检、无人机巡检等VR培训项目全面开花落地，培训"元宇宙"的构架已日趋明朗。

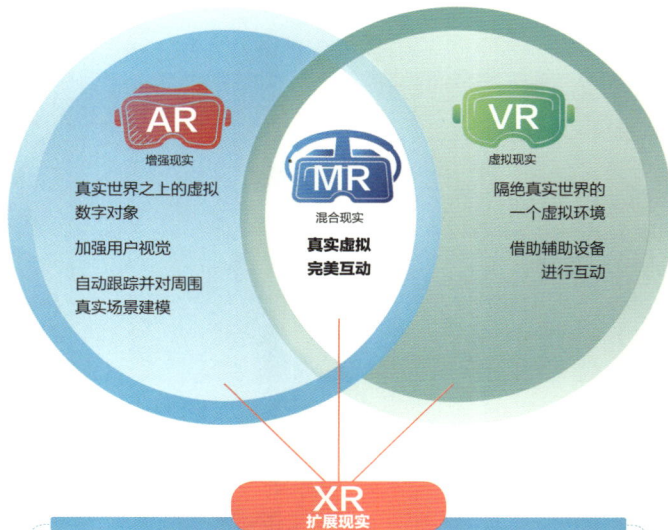

MR技术作为最新的"元宇宙"接入手段，具有虚实混合、即时定位与地图构建、眼球追踪、动作捕捉等最新技术应用，能为使用者提供最接近人类直觉的使用感受，可以使技能人员有效形成身体记忆，从而达到实训目的。

VR、AR、MR及脑机接口技术等其他因技术进步而可能出现的新型沉浸式技术统称为XR（Extended Reality）扩展现实技术，即通过计算机技术和可穿戴设备产生的一个真实与虚拟组合的、可人机交互的环境，这些技术是现实世界与"元宇宙"的门户。

2 解决方案

基于MR技术打造的培训"元宇宙"现在已在航空培训、医疗培训、制造业培训等高危、高成本培训领域取得了积极成效，国网山东省电力公司将利用该技术持续开辟电力技能培训的"元宇宙"。

航空培训

医疗培训

制造业培训

① DT，建立设备模型

DT 全称 Digital Twins，即数字孪生技术，是充分利用物理模型、传感器更新、运行历史等数据，集成多学科、多物理量、多尺度、多概率的仿真过程，在虚拟空间中完成映射，从而反映相对应的实体装备的全生命周期过程。通过数字孪生技术，将电力生产设备的全寿命周期数字化，进而建立完整的仿真培训设备全息模型。

DT
建立设备模型

KG
建立培训模型

MR
场景化实训

② KG，建立培训模型

KG 全称 Knowledge Graph，即知识图谱，是通过将应用数学、图形学、信息可视化技术、信息科学等学科的理论和方法与计量学引文分析、共现分析等方法结合，并利用可视化的图谱形象地展示学科的核心结构、发展历史、前沿领域以及整体知识架构达到多学科融合目的的现代理论。将 KG **与人工智能（AI, Artificial Intelligence）**相结合，将培训标准、培训内容、培训流程结合设备模型全面数字化，将知识与过程相融合，通过实操过程的 AI 引导，最大化加深学员记忆。

③ MR，场景化实训

学员佩戴 MR 头盔，在**即时定位与地图构建**（SLAM,Simultaneous Loca-lization And Mapping）、**眼球追踪（ET,Eye tracking）、注视点渲染（FR,Foveated Rendering）、手势识别（GR,Gesture Recognition）**等技术的加持下，可以实现学员、全息影像、现实设备的自然互动，辅助 AI 导师的全过程引导，可以提供极为真实的实训体验，沉浸式的培训环境可以极大地提升学员的学习专注度，强化身体记忆，缩短学员获得知识的时间与成本。

3 升级计划

打破时空束缚

MR 实训可以将原有的集中式培训，变为分散式、预约式培训，从而打破时空束缚，减轻生产用人压力。学员可在规定时间内预约培训时间，利用虚拟技术实现混合现实实训、远程虚拟直播、AI 全过程指导、评估，真正使培训脱离时间、空间的限制。

1 打破时空束缚

2 降低培训安全风险

3 提升培训质效

降低培训安全风险

MR 实训可以逼真的模仿带电生产环境，在显著降低培训安全风险的同时，还可以在学员操作错误的情况下使学员亲身体验安全事故，加深安全生产意识。

提升培训质效

MR 实训可以显著减少培训对大型设备和高成本耗材的依赖，显著降低培训成本。同时，通过对学员动作的实时指导与动态评估，可以有效提升学员的专注力，在取得培训效果的同时大大压缩培训时间。

☆ 师资库建设：构建一流培训师孵化平台

❶ 背景现状

❶ 兼职培训师缺乏系统管理

截至 2022 年 12 月 31 日，国网山东省电力公司已认证兼职培训师数量达到了 4500 余名，师资队伍的逐年增长对师资认证、管理、考核等工作提出了更高要求，为了提升师资管理工作质效，急需建立一个功能齐全、操作便捷的管理平台对师资信息进行系统管理和全面展示。

❷ 师资与开发课程、授课信息缺乏数据贯通

目前国网学堂已上传大量优秀课程，大数据平台也已记录大量师资授课信息，但这些数据不能与培训师本人进行关联。培训班需要确定师资时，无法进行搜索和推荐；培训师进行年度考核时，无法证明本人在课程开发和授课方面的工作量。

❷ 解决方案

依托国网学堂山东专区，建设集"展示管理""搜索管理""认证管理""考核管理"于一体的师资库线上管理平台，将更多管理和展示信息纳入库中，实现师资共享、课程共建的良好生态圈。

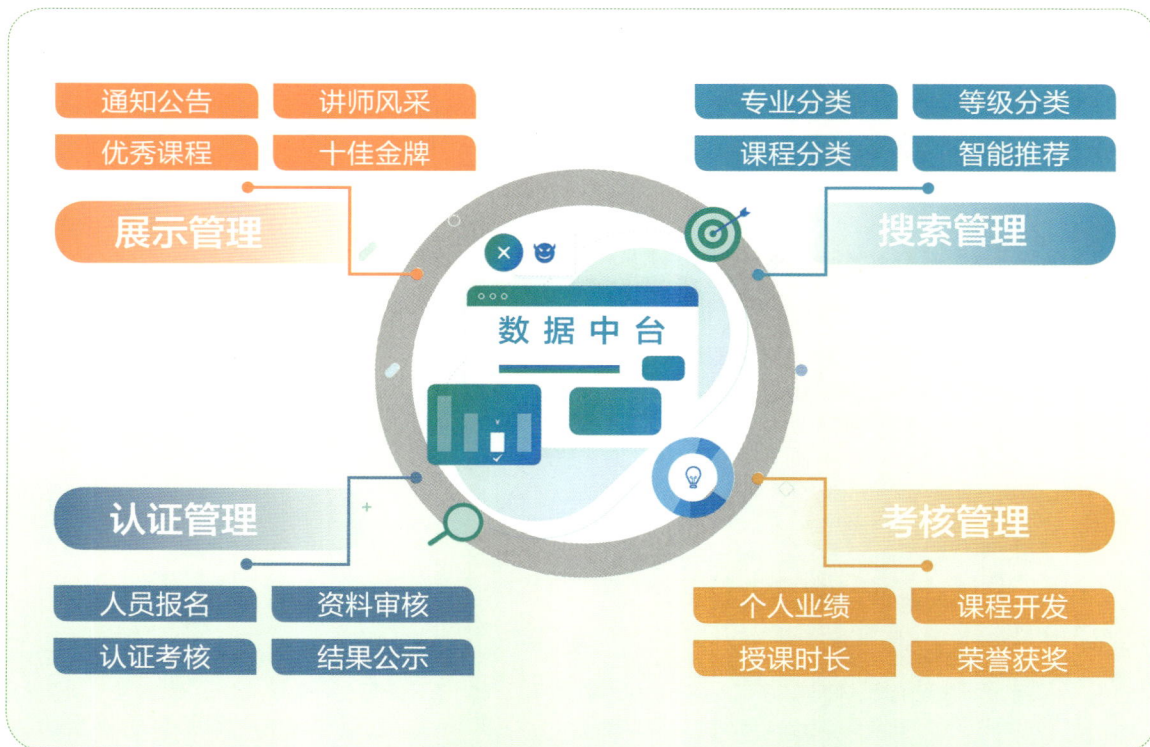

通知公告　讲师风采
优秀课程　十佳金牌
展示管理

专业分类　等级分类
课程分类　智能推荐
搜索管理

数据中台

认证管理
人员报名　资料审核
认证考核　结果公示

考核管理
个人业绩　课程开发
授课时长　荣誉获奖

（1）展示管理，丰富资源展现形式。

通过"前端展示"页面和"师资个人信息展示"页面进行两级展示。

一级页面（"前端展示"页面）

结合年轻人喜好进行设计，整体界面活泼有趣；每张图片为一个专题，图片展示该专题下的通知公告、优秀课程、讲师风采等内容。

二级页面（"师资个人信息"页面）

展示师资个人资料，包括基本信息、认证信息、个人风采、主讲课程、授课记录、年度考核等内容。其中，个人风采可由培训师自行补充完善，主讲课程也可由培训师补充上传，经后台审核后在相关页面进行展示。

（2）搜索管理，实现师资智能推荐。

搜索查询

分类搜索查询
点击详细浏览

师资信息查询方式
- 专业分类
- 等级分类
- 课程分类

→ 师资信息介绍

需求发布

授课需求发布
系统自动推荐

发布课程授课需求

选择①
主办方自行搜索选择师资

选择②
系统根据课程类型智能推荐

→ 确定培训班师资

浏览授课

自行浏览需求
进行授课应聘

培训师自主进行授课应聘

（3）认证管理，优化等级认证流程。

规范兼职培训师等级认证流程

平台在线发布认证通知，培训师在线上进行报名和资料上传，专家在线上进行资料审核，经线下培训认证后，将认证成果再次传到线上留存，认证通过的培训师将在线上进行公示，实现了兼职培训师等级认证全流程线上管理。

减少认证信息录入工作

通过线上认证全流程管理后，兼职培训师基本资料及认证信息将直接同步到师资个人信息展示页面，不再需要后台手动录入，减少了工作量，也避免了录入过程中容易出现的误操作。

发布认证通知 → 报名、资料上传 → 专家审核 ↓

线上公示 ← 成果上传留存 ← 线下认证

（4）考核管理，强化师资队伍建设。

年度考核，自动关联

培训师开发课程和授课信息数据贯通后，可自动关联到该培训师个人信息展示页面下。年度考核时，系统能够自动提取数据，计算积分，并提示是否满足考核要求。

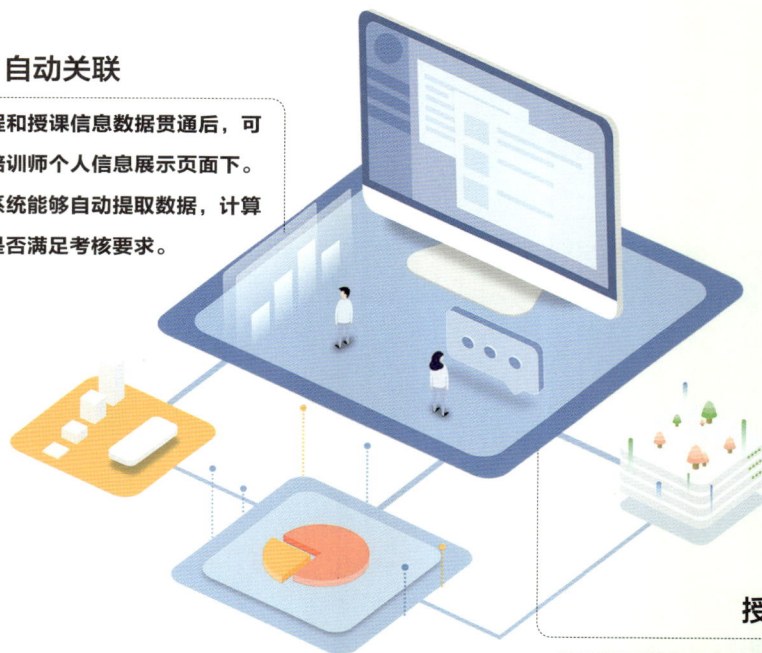

授课信息，系统导出

培训师可以在个人信息展示页面自行查询和导出相关信息，系统导出的文件为盖章认证电子版，便于培训师证明自己的业绩和工作量。

3 工作成效

全员管理，专业分类

4500+
实现兼职培训师线上管理

专业＋等级＋课程
实现师资信息全方位查询

数据贯通，打破壁垒

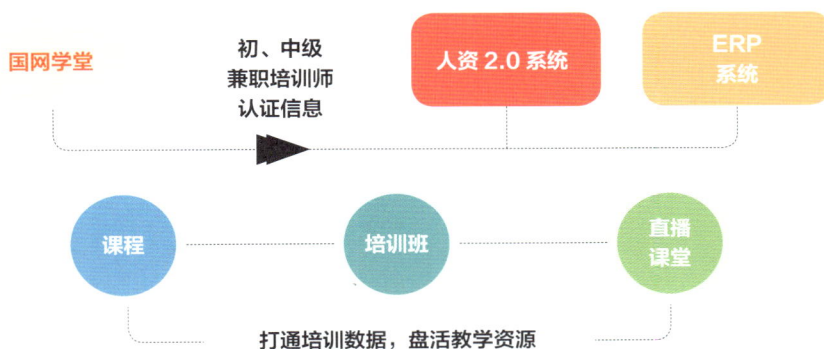

国网学堂

初、中级
兼职培训师
认证信息

人资 2.0 系统

ERP 系统

课程 —— 培训班 —— 直播课堂

打通培训数据，盘活教学资源

4 升级计划

优化管理功能

设计 UI

规范流程

更新功能

完善信息

账号授权 —— 数据上传 —— 信息审核 —— 等级认证

实现数据互通

☆ 一键联动：打通项目管理最后一公里

背景现状

1 培训项目计划与实际执行**"难同步"**。培训项目提前一年储备，次年实施时，经常会因为专业部门工作计划变动、授课讲师时间冲突、培训资源承载力等因素，导致举办月份、地点、参培人数、培训内容等发生变化。

2 培训计划随疫情防控形势实时调整**"难实现"**。2020年以来，主办单位、培训地点和学员归属地等任何一方受影响，都会迫使线下培训暂停、延期、换地、取消或转为线上等。

3 传统培训计划调整实施流程**"难提速"**。涉及培训计划变更时，需要专业部门发起申请，还要研判资源、通知各方、多级审批、反复沟通，再加之经办人对流程不熟悉，造成计划调整效率低下。

解决方案及成效

（1）培训计划调整过程做到"全程管控"，实现"零差错"。

将"专业部门申请－培训资源评估－主管领导审批－培训中心核准－承办单位执行"全流程迁移线上方式，通过数字化方式满足各方管理需求，避免反复沟通、人工核对、线下操作等，大幅提升培训计划调整实施效率，实现"零差错"。

专业部门申请 → 培训资源评估 → 主管领导审批 → 培训中心核准 → 承办单位执行

（2）培训资源评估落实做到"智能联动"，实现"零操作"。

应用大数据技术，基于教培大数据管控平台现有功能，精准关联培训时间地点、培训形式（有无实训）、教室功能（是否电子教室）、参培人数、讲师档期等；应用人工智能技术，将培训计划、场地资源、师资力量、学员报名等情况进行综合评判，智能告知评估落实结果，确保"调快、调准、调优"。

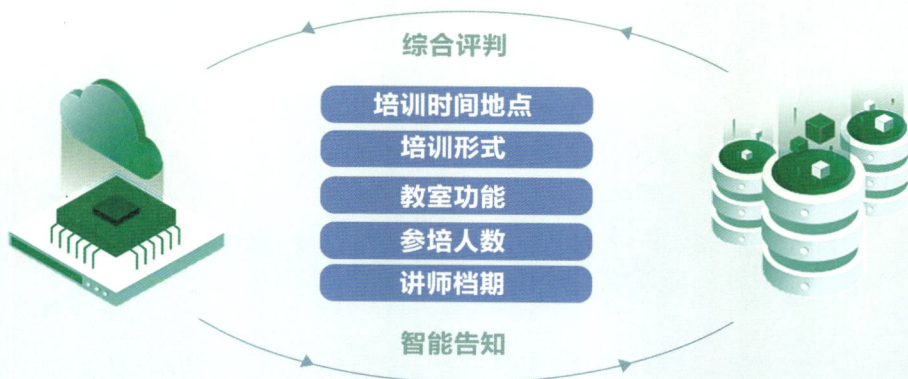

综合评判

- 培训时间地点
- 培训形式
- 教室功能
- 参培人数
- 讲师档期

智能告知

（3）培训班举办方式做到"双线切换"，实现"零感知"。

积极应对相关影响，将腾讯会议、小鹅通等外部平台以及国网学堂进行全面集成，可快速进行"线上"与"线下"无感切换，供用户快速选择的同时，自动配置相关资源、生成培训通知、搭建培训环境，通过灵活的培训组织方式确保培训计划刚性执行。

学习遇到问题
线上 —— 国网学堂 / 外部平台
线下 —— 集中培训班

全面集成

自动配置资源
生成培训通知
搭建培训环境
灵活组织方式
刚性计划执行

（4）各级用户体验做到"一键操作"，实现"零繁冗"。

依托内网门户网站和"i国网"，开发PC端和移动端内外网操作界面，满足各方需求。基于人资ERP系统组织人事信息，实现各环节用户岗位、权限自动匹配，各类表格在线审批。为用户提供消息待办、进度监控、自动提醒、短信通知等功能，"待办、已办、办结"各环节温馨提醒、精准掌握。

内网门户网站

i国网

"培训项目审批表"
"培训项目调整审批表"
"计划外培训项目审批表"

消息待办
进度监控
自动提醒
短信通知
……

3 工作成效

通过线上方式，应用电脑和手机客户端，代替线下方式开展申请、沟通、审批、递交等工作，专业部门和承办单位满意度双提升。

1 调整审批在线化
调整管理数字化 2
调整方式高效化 3

培训计划全程可控、可视，培训资源全面精准掌控，调整需求得到快速响应，有效提升培训数字化管理水平。

操作客户端移动化、培训资源在线查看、计划调整可行性智能研判、调整审批表自动导出、可实现电子签字等，调整工作效率提升80%以上。

☆ "四学四促": 打造 HR E-learning 新样板

背景现状

为落实国网山东省电力公司工作部署，切实加强人力资源工作者政治理论、基础知识、专业管理、创新思维学习。针对时间紧，任务重等突出问题，优化国网学堂专题培训模块、数据统计分析模块，充分利用碎片化时间，开展"四学四促"专题能力提升活动，同时辅以数据统计排名，形成"比、学、赶、超"的良好生态。

"四学四促"专题能力提升活动

四学
- 加强政治理论学习
- 加强基础知识学习
- 加强专业管理学习
- 加强创新思维学习

四促
- 促进党性修养意识提升
- 促进人资理论素养提升
- 促进岗位实战能力提升
- 促进战略落地能力提升

着力打造一支**政治坚定、业务精湛、管理高效、创新进取**的人资队伍

为公司在落实"一体四翼"发展布局、构建新型电力系统中永创最好走在前列提供坚强人资保障

工作成效

截至 2022 年 11 月 30 日，"四学四促"专题浏览人次 **10.1 万**人次，学习完成总人数 **559** 余人，人均学时 52 学时，人均学分 221 学分，平均参与率为 **99.4%**。

浏览人次**10.1 万人次**	完成总人数**549 余人**	平均参与率**99.4%**

3 解决方案

充分利用国网学堂资源优势，发挥移动端"i 国网"安全高效的特点，利用碎片化时间，开展"四学四促"专题能力提升活动，同时辅以数据统计排名，形成"比、学、赶、超"的良好生态。

（1）用数据说话，打造高效率地数据化决策管理。

为支撑"四学四促"专题学习情况统计，开发各单位总人数与标准学时、人员基础数据维护、导入功能，支持根据单位名称、专题名称组合查询，方便管理者快速浏览、定位所需基础数据。为提高数据加载效率，减轻系统应用负担，统计分析数据以每天一次的频率定时更新，统计信息包括各单位培训参与率、学习进度、人均学时、人均学分等。

（2）便捷灵活，提供多元化的专题入口。

员工可通过点击国网学堂山东专区 PC 端首页轮播图、新闻飘窗、右侧宫格区一键直达专题学习界面，也可通过导航功能区专题培训模块进入学习。

（3）界面友好，采用全新设计提升学员体验。

移动端专题课程模块由列表式引导改为图标式引导，方便员工快速定位学习资源。设计排名页面，展示整体学习情况、本人排名情况及各单位排名情况，激发各单位及员工学习积极性，提高培训参与率。

（4）汇聚力量，组织专家开展资源梳理。

依托国网学堂多年运营经验及资源优势，开展资源内容梳理，课程设置从解决基层痛点出发，共挑选出 197 门内网资源，166 门外网资源。

☆ "金种子"起航专区：打造新员工 OMO 培训制高点

背景现状

　　"金种子"新员工起航训练营是国网山东省电力公司针对新入职员工开展的集中式入职培训。经过多年的标准化组织实施，已经成为国网山东省电力公司的品牌培训项目。随着互联网敏捷迭代思维的深入和新技术的发展，越来越多的人才培训及项目管理趋向于线上化，通过平台技术应用辅助培训项目实施。2020 年疫情的爆发，加速了培训数字化的应用，"一起培训" App 顺势而为，开辟起航训练营线上专区运营。从管理团队项目资源整合，到新员工学习体验，都是新时代数字化学习技术的探索和实践。

"金种子"新员工起航

学习线（有效 Effective）

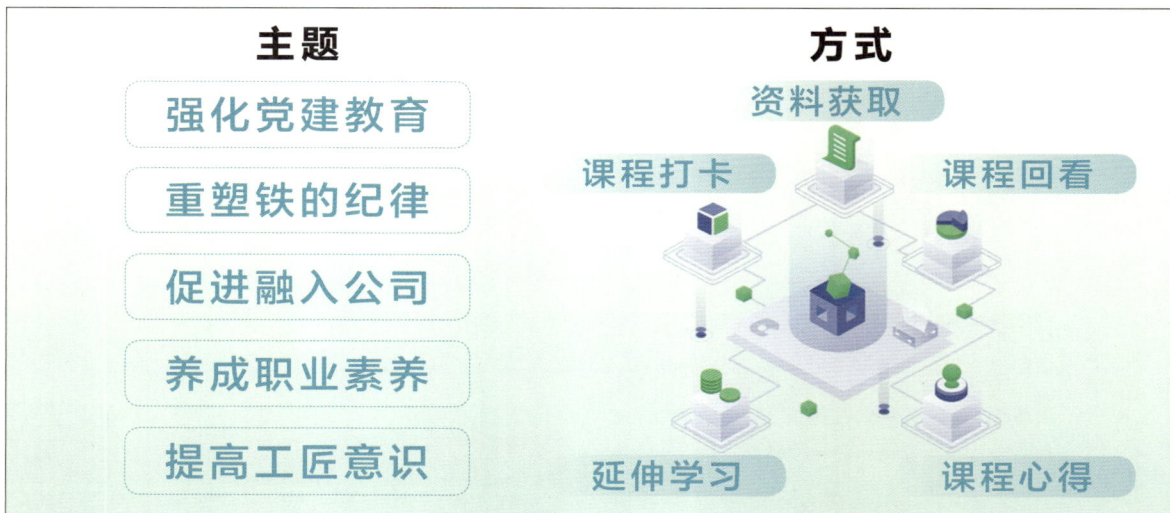

主题	方式
强化党建教育	资料获取
重塑铁的纪律	课程打卡　　课程回看
促进融入公司	
养成职业素养	
提高工匠意识	延伸学习　　课程心得

培养形式 ➡

效果转化 ➡

闭环管理 ➡

② 解决方案

2020~2021 年，新员工起航训练营项目采用"线下 + 线上"的混合式方式，加入线上培训管理平台，将新员工培训项目的流程系统化标准化、培训数据及时可视化，提高新员工在线学习的参与度与融入感。项目采用"双效—2E"的设计思路，"双效—2E"代表有效（Effective）和高效（Efficient）之意，主要通过有效的课程学习线，高效的应用任务线，来促进本项目有效开展线上平台运营的培训实践，进而达到学习－线上巩固、任务－线上驱动、培训项目－线上管理的目的，提升新员工的培训效果。

训练营平台架构图

任务线（高效 Efficient）

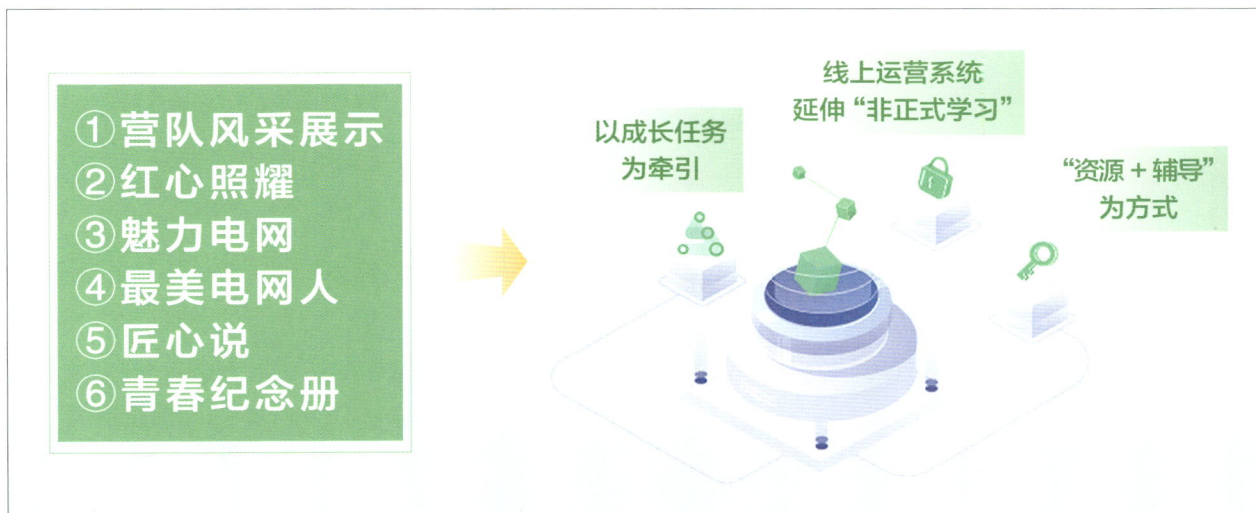

①营队风采展示
②红心照耀
③魅力电网
④最美电网人
⑤匠心说
⑥青春纪念册

以成长任务为牵引

线上运营系统延伸"非正式学习"

"资源＋辅导"为方式

"线上 + 线下"的双线混合培养形式

针对性设置学分功能，对学习全过程进行评价

学员考勤、学习管理、导师制管理、数据管理

围绕起航训练营策划方案，将整个方案分成集结—入航—远航—争霸—征战—先锋六大板块，明确26个子模块内容，实现培训过程的在内线化运营。

线上平台操作指南 **1**
欢迎仪式 **2**
训练营相关资料 **3**
制度安排 **4**
通知公告 **5**
有问必答 **6**

以五大学习先为模块，包含：
预习资料 **1**
课程打卡 **2**
课程回看 **3**
延伸学习 **4**
课程心得 **5**

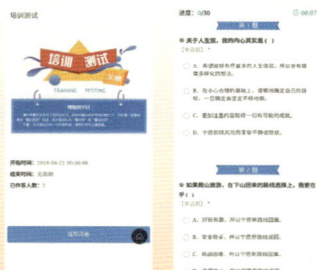

随堂考试 **1**
结业考试 **2**
技能比拼 **3**
操行考核 **4**

③ 工作成效

2020~2023 年"金种子"新员工起航训练营线上管理平台共直接服务新员工 **2600 余人**，浏览量达到 **235328 人次**，支撑了起航训练营的圆满完成。

以12个营队为分模块，包含：
1. 营队成员—自我介绍
2. 营队风采
3. 营队动态
4. 营队畅谈室

1. 营队风采展示
2. 红心照耀
3. 魅力电网
4. 最美电网人
5. 匠心说
6. 青春纪念册

1. 积分排行榜
2. 学院勋章

4 升级计划

2023年，起航训练营平台开发在前两年的应用基础之上，根据新员工的需求，持续优化。结合2022年的起航训练营整体方案，设计风格上进行了改版，更贴合主题和新时代新青年的审美。同时新增两大功能。

（1）"金种子"新员工量化积分。

"亮"化积分，新员工可登录榜单区域了解各个阶段的积分详细情况，查看总分和各个阶段的排名情况。强化新员工跟踪培养全过程管理，充分发挥积分评价激励作用，突出考核结果应用。

（2）"金种子"新员工互动平台。

"动"心娱目，增设新闻专区和交流专区。包含全部动态、区域榜单两个模块。功能设有点赞功能、点赞累积排行、人员搜索、个人主页、动态发布、个人动态管理、管理员主页审核功能。引导员工积极参与，增强彼此互动。

☆ 育星计划：构建数字化供电所培训生态图

1 背景现状

为全面提升供电所员工服务意识和业务水平，助力高标准建成数字化供电所新高地，公司开展数字化供电所培训体系建设。

（1）乡村振兴战略要求供电所提高员工供电服务质量。

数字乡村是提振乡村发展的重要突破口，是乡村振兴的战略方向。供电所需要通过数字化转型提高供给质量，不断提升供电水平，提升创新能力，增强供给结构对需求变化的适应性和灵活性。

（2）客户多元需求要求供电所提升员工服务响应能力。

客户服务是企业生命线，传统运营模式已不能满足客户多样化需求，为应对能源结构变革对供电所传统生产模式带来的冲击，加强新能源接入能力，提升设备友好性和供电可靠性，提升服务响应能力是供电所在新形势下谋求发展的关键实践。

（3）技术迅猛发展要求供电所加速业务数字化转型。

加强先进技术融合，积极探索数字化供电所建设融合发展之路，助力实现供电传统业务数字化重构、能源数据价值挖掘、公司基层综合业务创新，数字化转型已成为供电所发展提升的必然选择。

2 解决方案

2022 年 3 月至今，公司广泛开展供电所员工业务调研分析，充分了解数字化供电所业务的痛点和难点，利用先进信息化技术，搭平台、绘地图、建场景、编手册，全面提升数字化供电所建设水平。

（1）多元托举"育星"，打造数字化供电所培训"生态圈"。

以需求和问题为导向，组织设计供电所数字化培训平台，编写《数字化供电所培训手册》，实现学习资源智能推送和学习结果智能分析，提高供电所培训精准度、便利度，为供电所员工提供全职业生涯科学成长方向和路径参考。

（2）平台服务"育星"，打造数字化供电所培训"强引擎"。

一是搭平台。全面梳理现场工作核心知识点和关键技能项，建立线上学习地图，搭建学习、练兵、评价"多位一体"数字化供电所培训服务平台。**二是绘地图。**构建员工学习知识地图和移动学习覆盖"雷达图"，将相关课程进行定点精准推送，利用移动学习模式开展碎片学习。

（3）场景赋能"育星"，打造数字化供电所培训"小百科"。

一是建场景。围绕数字化供电所业务学习，从台区经理、综合柜员、综合管理三个方面着手，总结提炼 25 个培训场景。**二是编手册。**编写《数字化供电所培训手册》，提升员工对数字化供电所的认识，掌握数字化供电所的基础知识要点，强化供电所一线工作人员技能水平。

数字化供电所培训 "育星生态圈"

平台
职业发展三通道
岗位练兵
课程
学习知识
能力评价
课程 63 门
地图
学习地图 25 个
岗位能力地图 1 个

智能推送
学习资源

智能分析
学习结果

场景
25 个培训场景

阶段
基础业务
进阶业务

聚焦
安全生产
基础管理
营销服务

角色
台区经理
综合柜员
综合管理
配电运检

3 工作成效

（1）建立"一站式"数字化供电所"育星平台"。

搭建供电所学习平台，实现学习知识、职业发展方向、成长地图、岗位能力地图"一站式"获得。平台内包含数字化供电所课程 63 门，成长地图 25 个，岗位能力地图 1 个，职业发展三通道。

（2）建立"混合式"数字化供电所"育星场景"。

紧紧围绕安全生产、营销服务等核心业务，按照基础业务和进阶提升两个类别，开发 25 个培训场景，涉及数字供电所各类常用业务场景。

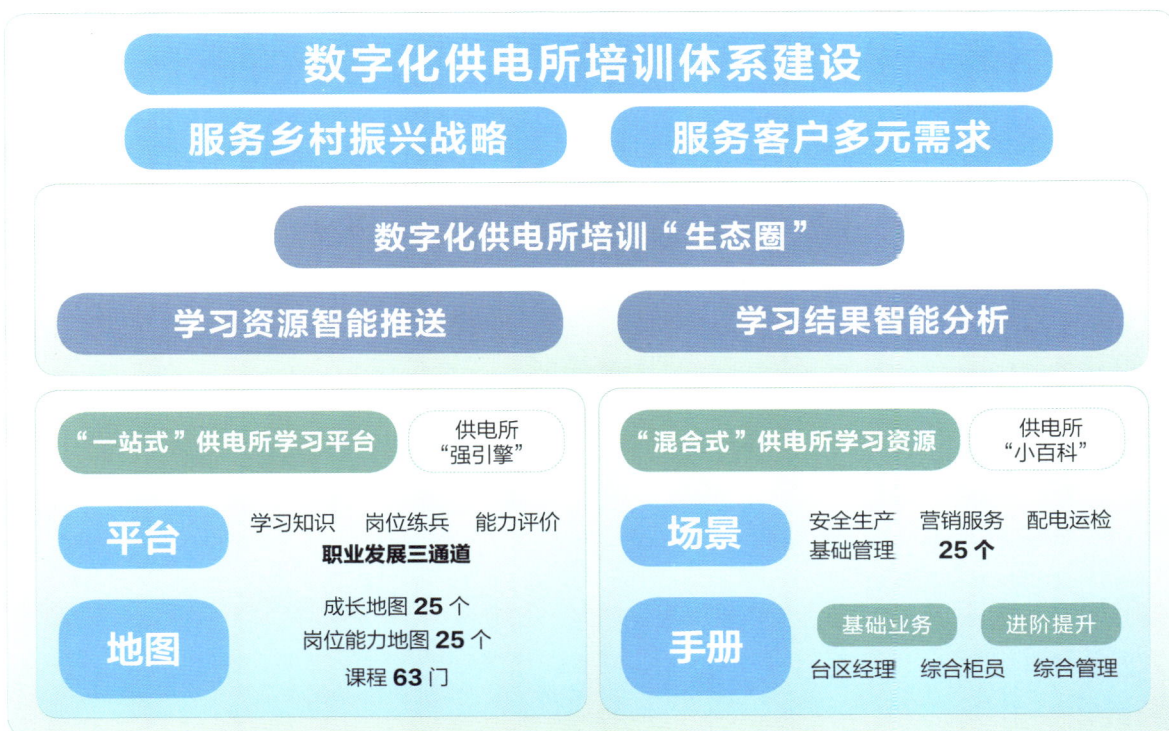

数字化供电所培训体系建设

服务乡村振兴战略　　服务客户多元需求

数字化供电所培训"生态圈"

学习资源智能推送　　学习结果智能分析

"一站式"供电所学习平台　　供电所"强引擎"

平台
学习知识　岗位练兵　能力评价
职业发展三通道

地图
成长地图 **25** 个
岗位能力地图 **25** 个
课程 **63** 门

"混合式"供电所学习资源　　供电所"小百科"

场景
安全生产　营销服务　配电运检
基础管理　**25** 个

手册
基础业务　进阶提升
台区经理　综合柜员　综合管理

☆ 智慧储备：为培训工作提供炮火支撑

1 背景现状

项目储备是培训工作的基础。"让听得见炮声的人去指挥战斗"，储备就是培训工作的火力来源。

重新定义储备： 对储备进行标准化构建，构建职工培训、培训开发、培训购置、人才评价、生产辅助技改和大修（实训设备实施）项目的协同炮火系统，为一线单位培训工作提供充足弹药支持。

一线单位培训工作

充足弹药支撑

炮火层 协同炮火系统

- 突击步枪 职工培训项目
- 武装坦克 培训开发项目
- 防御地雷 培训购置项目
- 歼击机 生产辅助技改和大修（实训设备实施）项目
- 巡航导弹 人才评价项目

探索智慧储备： 打造"精准型""便捷型""智能型"的智慧储备，通过大数据手段、工具和技术，确保项目储备更高效、便捷地支撑基层培训工作。

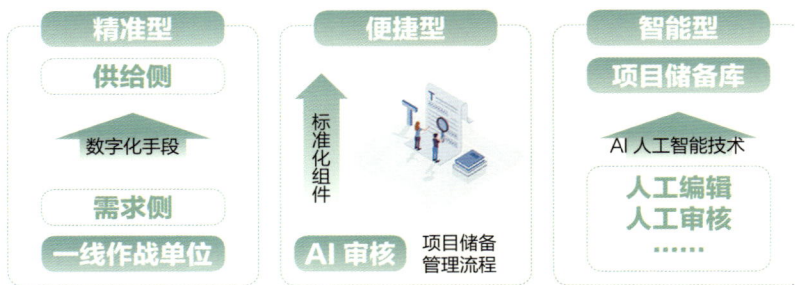

- **精准型** 供给侧 — 数字化手段 — 需求侧 — 一线作战单位
- **便捷型** 标准化组件 — AI审核 — 项目储备管理流程
- **智能型** 项目储备库 — AI人工智能技术 — 人工编辑 人工审核 ……

2 工作成效

（1）从数据孤立到系统协同。

智慧储备高效利用海量数据，确保项目精准匹配国网山东省电力公司专业情况、人员数量、培训需求等内容。

人员情况　智慧储备　培训需求　专业情况

（2）从被动管控到主动服务。

智慧储备深度链接培训工作的需求侧和应用侧，主动服务一线单位人员，确保项目精准匹配一线单位培训工作需求。

课程资源　需求侧　应用侧　培训室　培训班　能力评价　师资资源　学习平台　培训设施　教学设备 ……

3 解决方案

以精确需求挖掘为根本，以标准化"炮火"组件打造为核心，以储备项目智能化评审为关键，通过数字化重塑，绘制项目储备智慧化业务链，全面打造智慧储备数字化体系。

智慧储备数字化业务链

炮声层

| 一线作战单位人才培养需求 | 输电、变电、营销、配电等专业 |

炮火层

精准"需求"	标准"组件"	简易"校准"
"全息＋多维" 需求调研	"指引＋封装" 标准组件	"数字＋线上" 储备工作
"全息"数据分析 "多维"诊断调研	编制工作"指引" 开展组件"封装"	"数字"编制可研 "线上"编审分离

作战层

| 省市县各层级培训专工 | 业务单位培训负责人 |

打造"全息 + 多维"智慧决策矩阵

"全息"数据图谱： 以"六表"为核心，采用知识图谱技术，整合 2022 年~2023 年培训班、资源开发、员工学习等数据，精准分析海量全息数据。建立"全息"培训数据图谱，合理确定各专业、各类别项目分配比例，为专业培训提供数据支撑，实现精准储备。

"多维"诊断调研： 创新构建"多维"培训需求诊断矩阵，覆盖省市县三层级和组织、单位、个人三类别，科学开展点对点、点对线、点对面的网格多维调研。全面诊断输变营配等多个专业需求，深度挖掘深层需求，为项目储备提供关键智慧决策。

构建"数字 + 标准"智慧项目组件

"数字"编制可研： 利用核心字段捕捉、功能界面开发等数字化技术，构建六大项目可研模板库，实现"一键式"生成。对可研报告关键要项进行有效性规则设置，基于智能检索技术开发自动核准及提醒功能，实现"自助式"修订。

可研报告、一键生成
自动核准、修订提醒

数字 编制 可研

"标准"封装组件： 深入研究项目的业务逻辑和基本要求，迭代编制职工培训等五个项目工作指引。以工作指引为依据，对职工培训等项目进行标准封装，打造标准化储备项目组件，为培训工作构建功能齐全、管理有序的武器库。

编制工作指引

项目类型
项目金额
归属单位
项目分类
......

开展组件 封装

职工培训
培训开发
培训购置
人才评价
生产辅助技改（培训）

标准化储备模块

开展"线上 +AI"智慧项目评审

"线上"编审分离： 围绕模板的核心字段定制开发功能界面，实现"一键式"生成。建立后台自助分析系统，对可研报告的关键要项进行有效性规则设置，并对内容自动核准并设置提醒功能，提升项目储备质量和效率。

AI 审核

线上 编审分离

"AI"自助审核： 通过数字抓取技术快速捕捉核心关键字段，构建数字标签，形成项目数据标签库。基于智能算法技术对数字标签进行智能对比分析，快速审核项目合规性。

AI 字段抓取

AI 自助审核

展 望 篇

☆ 培训数字化资源建设规划

2023 年

改造网络教室

改造对象：党校、地市公司 2016 年及以前的网络教室

改造依据：老旧教室、使用频率高、故障频发

试点建设智慧型网络教室

试点对象：地市公司

试点内容：搭建教学直录播及智慧教学管理平台

试点功能：（1）线上线下结合的教学环境

（2）教学资源云共享

（3）探索混合式、直播、移动等多元化教学模式

（4）打造一体化教学管理平台

2024 年

改造老旧网络教室

改造使用频率较高的老旧教室为智慧型网络教室

新建部分县公司级智慧型网络教室

新建对象：以相邻 3 家县公司为单元新建教室

新建原则：布局合理、规模适中、学位够用

试点建设智慧校园

试点对象：选取一家试点实训站

建设内容：（1）优化数字化、网络化平台资源调度与配置

（2）优化提升培训班管理全流程

（3）提供数字化教学、数字化管理、平安校园服务支撑

预期功能：实现师资管理、学员管理、课程管理、场地管理等功能模块全贯通

2025 年

新建市县公司智慧网络教室

预期目标：基本实现 3 家县公司共用 1 间网络教室的总体布局

建设目的：（1）为县公司员工提供脱产学习的便利条件

（2）有效降低培训费用及员工时间成本

培训数字化课程建设规划

安全实训

· 依托实训站和各类创新工作室，设置安全教育实训室
· 基于虚拟现实、三维仿真等技术开发电网安全实训工具
· 打造"安全体验区"，配置安全体验类 VR 设备

营销实训

· 依托德州和青岛实训站，开发营销 AR 仿真培训工具
· 开发综合能源工种相关实训课程体系

其他

· 在模拟无人机巡检、变电运维仿真系统、电力交易员仿真、变电检修模拟等其他方面，投入建设 VR 或仿真数字化课程

RPA+AI

· 烟台试点数字化班主任
· 滨州试点数字化考评员等项目

运检实训

· 对象：济宁实训站
· 电缆实训
  开发电缆附件的制作、电线电缆制造等 VR 实训课程
· 配电实训
  开发配电专业 VR 实训课程
· 带电作业实训
  根据实训站特点和实际需求，开展不停电作业、带电检测等虚拟实训交互课程

2023 年

2024 年

| 安全实训 | 营销实训 |
| RPA+AI | 运检实训 |

安全实训　　　营销实训

RPA+AI　　　运检实训

2025 年

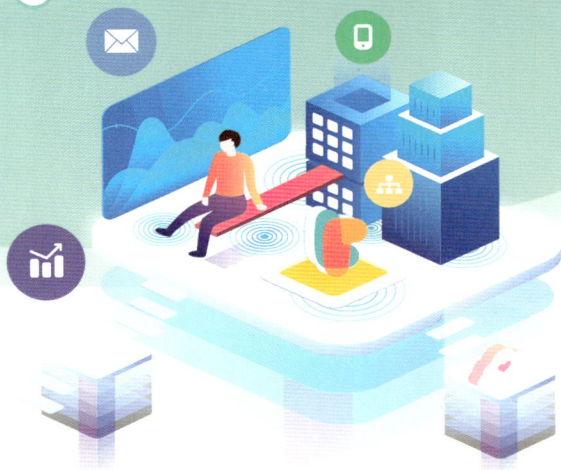

☆ 培训数字化技术支持规划

▶ **迁移"一起培训"App 功能模块至国网学堂**
  · 4 个功能模块：培训班、直播、学习中心、新闻资讯

▶ **迁移教培大数据管控平台至国网学堂管理员端**
  · 8 个功能模块：大屏监控、计划监控、培训管理（包含送培管理）、
   人才评价、培训开发、培训购置、资源建设、综合服务、报表统计

▶ **新建教培大数据平台功能至国网学堂**
  · 新建教培大数据平台培训、自测、评估等功能
  · 完成培训、考试、自测等个性化研究
  · 统一功能规范性与技术先进性
  · 统一制定架构设计与安全方案

2023 年

▶ 新建"一起培训"App 两大关键功能模块

· "金种子成长"模块

· "现场培训"模块

▶ 开展教培大数据管控平台职工教育培训项目、人才评价项目等功能开发

· 职工教育培训项目：计划管控、项目报名、项目结算功能开发

· 人才评价项目管理模块开发、培训开发模块开发、培训购置模块开发、实训设备设施改造维护开发

· 经费管控功能开发、培训报表开发、培训档案功能开发、软件与硬件接口开发

▶ 国网学堂功能模块优化完善

· 优化国网学堂培训班管理功能，实现培训班全流程线上管理

· 完成山东专区 PC 端、移动端 UI 界面优化

· 迭代优化金种子成长功能，覆盖"金种子"六大工程

· 完善大讲堂功能，打造大讲堂专区

2024 年

2025 年

▶ 升级"一起培训"App 两大功能模块

· "大讲堂展播"模块

· "我的一起培训"模块

▶ 开展教培大数据管控平台辅助决策功能开发

· 辅助分析功能

· 资源库管理功能（辅助决策）

· 项目储备建议功能（辅助决策）

· 项目挑战建议功能（辅助决策）

▶ 开发国网学堂学习资源

· 大力开发学习资源

· 优化平台功能运维

未来的学习将呈现出五个特点、五大趋势

五大特点

以学员为中心的个性定制
以问题为导向的场景再现
以沟通为基础的协同培训
以迭代为手段的知识更新
打破时空限制的终身学习

五大趋势

无感知不学习
无连接不学习
无数据不学习
无运算不学习
无应用不学习

下一步，我们要坚持全场景赋能、全方位重塑、革命性颠覆，总结分析"三张清单"，在四个方面精准发力，抢占培训数字化制高点。

三张清单

一是需求清单。围绕发展所需、基层所盼，梳理高频需求，继续敏捷迭代，全力推动培训智慧转型。

二是共享清单。在培训数字化平台上共建共创共享已有的技术、业务、数据，释放算力乘数效应和数据倍增效应。

三是应用清单。坚持"唯质量、唯成效、唯认同"，推动各项培训数字化成果推广落地。

四个发力

一是强化迭代思维，打造"全链化、轻量化"的培训管理新模式。

二是强化系统思维，打造"一键式、混合式"的培训实施新模式。

三是强化全局思维，打造"人在学、云在算"的数字校园新模式。

四是强化融合思维，打造"人岗课、人课分"的员工学习新模式。

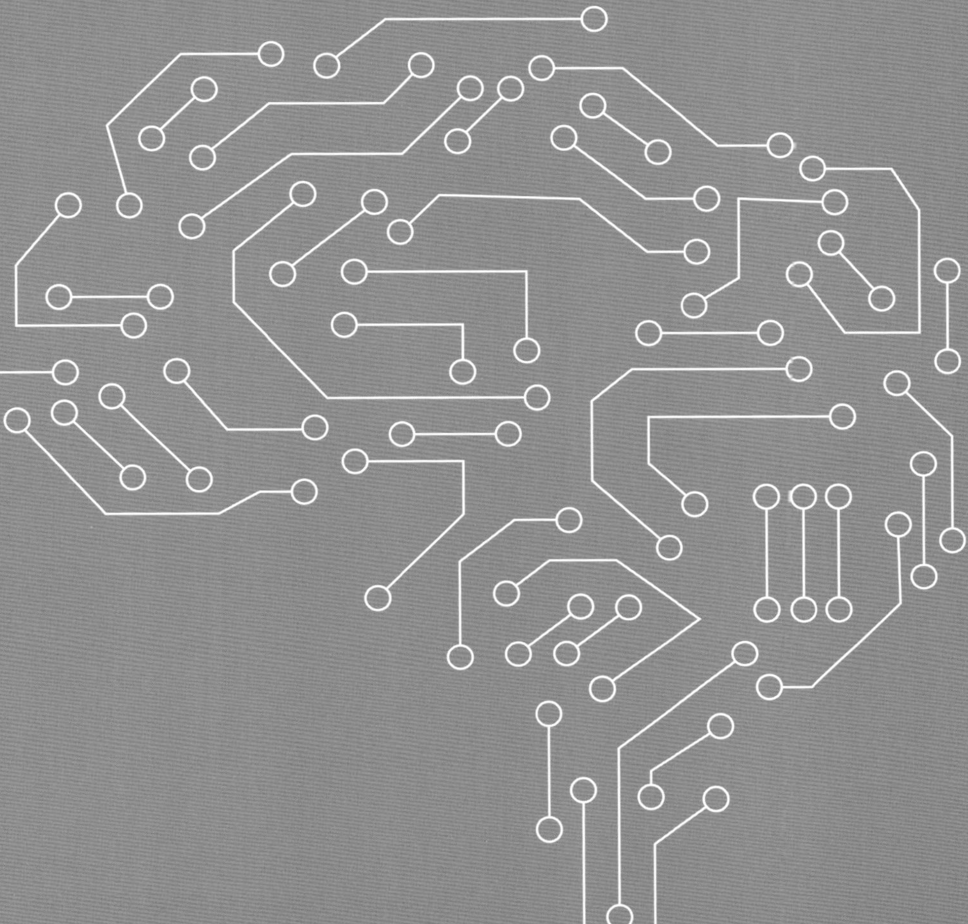